The Ambition
of Elon
Musk

未来を変える天才経営者

イーロン・マスクの野望

竹内一正
Takeuchi Kazumasa

朝日新聞出版

はじめに

自動車王のヘンリー・フォード、石油の世紀を築いたジョン・ロックフェラー、そしてパーソナルコンピュータで未来を創ったスティーブ・ジョブズなど、天才経営者や偉人は数々登場してきた。しかし、その誰をも凌駕《りょうが》する桁違いの発想と、比類なき行動力を持ち、アメリカ大統領以上に世界中がいま注目する人物がいる。それがイーロン・マスクだ。

宇宙ロケット、電気自動車、そして太陽光発電。この三つの先端産業で革命を起こそうと挑んでいる異色の経営者である。長身でハンサム、物腰は柔らかく、はにかみながら話す外見からは、こんな途方もない大事業に挑むなど想像が難しい。だが、イーロンが異色なのは外見ではない。彼が、金儲《もう》けのためではなく、人類を救い、地球を助けるために会社を興していった点であった。

イーロンは、1971年に南アフリカ共和国で生まれ、12歳の時すでにゲームソフトを作り、500ドルで販売していた。17歳で母国を旅立つと、カナダに、そしてアメリカに移り住み、未来への扉を探し始める。アメリカは「すごいことが可能になる国だ」と思ったからだった。

アメリカのペンシルベニア大学で物理学と経営学を学んだイーロンは、スタンフォード大学の大学院に進学したが、たった2日で辞めて、ソフト制作会社「Ｚｉｐ２」を起業。ＰＣ大手のコンパック社が約3億ドルで同社を買い取ると、イーロンはこれで得た２２００万ドル（約22億円）の資金を元にインターネット決済サービス会社「Ｘドットコム」を立ち上げ、ペイパル社の母体を築く。２００２年、ペイパル社をネットオークション大手のｅＢａｙが15億ドルの巨額で買収し全米で話題となった。

ペイパル社売却で約1億7千万ドル（約１７０億円）を手にしたイーロンが、次に何をやるのか？　シリコンバレーだけでなく全米が注目した。だが、彼が選んだのはインターネットのサイバー空間ではなく、何と「宇宙」だった。

宇宙ロケットベンチャー「スペースX社」を31歳で立ち上げ、ＮＡＳＡ（アメリカ航空宇宙局）が支配していたロケット産業へ挑戦を始める。しかし、宇宙開発の専門家たちは、「ベンチャー企業ごときに、不可能だ」と見下した。

ところが、スペースX社はわずか6年で独自開発のロケット「ファルコン１」を見事に完成させ、打ち上げに成功する。さらに、その2年後、国際宇宙ステーションに、宇宙船「ドラゴン」を民間として初めてドッキングさせ、地球に無事帰還させるという離れ業をやってのけた。世界はスペースX社の偉業に驚き、興奮した。しかも、NASAの物まねでロケットを作ったのではない。家電やパソコンの「コモディティ(汎用品《はんよう》)化」のアイデアを果敢に取り入れ、従来の10分の1という激安な製造コストで作り上げたのだ。これだけでも驚くが、イーロン・マスクの視線は遥《はる》か彼方《かなた》を目指している。

「人類を火星に移住させる」。これこそ彼の究極のゴールだ。

「火星?」と聞くと何だかホラ話に思えてくる。しかも、大きなことを言うヤツほど、現場の実態など知らないものだ。しかし、イーロンは違っていた。ロケットに使う材料や溶接方法に至るまで細部を知り尽くし、その上でロケット開発に挑んでいた。

それにしても、なぜ、彼は火星に人類を送り込むなんて途方もないことを考え付いたのだろうか?

地球の人口はすでに70億人を突破し、今世紀半ばには100億人にも届くだろう。しかし、二酸化炭素は増加し温暖化は進み、異常気象は頻発し、水不足や食糧危機が叫ばれている地球に本当にそれだけの人間が住めるのだろうか。イーロン・マスクは、「いずれ人類は地球以外の惑星で住まなくてはいけなくなる」との考えに至った。地球以外の惑星、つまり火星に人類は移住すべきだと確信し、火星への飛行可能なロケット開発という遥かな、しかし現実的であると疑わないゴールに向かって挑んでいく。

その一方で、火星ロケットはすぐに作り出せるわけではなく、時間が必要なことも事実だ。そこで、二酸化炭素による地球環境の悪化を少しでも食い止め、地球の延命を図るために、排気ガスをまき散らすガソリン車ではなく、電気自動車の本格的な普及を決断した。

イーロンはスペースX社の経営と並行して、2004年に電気自動車ベンチャー「テスラ・モーターズ社」に出資し、会長となる。そして、11万ドルもする魅力的なデザインの高級スポーツカー「ロードスター」を発表。レオナルド・ディカプリオやハリウッドの有名人たちがこぞって欲しがり、話題沸騰となった。ロードスターはポルシェより速く、一回の充電で約400㎞の長距離走破が可能で、ファンは熱狂した。さらに独創的なのは、ノートPCに使うリチウムイオン電池、約7千個を車体に積んで電源とし、抜群の走行性能を実現したことだ。

イーロンの打ち出したEVカー（電気自動車）戦略は、GMなど他の自動車メーカーと大きく違っていた。他社が、ズングリしたデザインなのに対し、ロードスターはとにかくカッコいい。みんなが憧れ、乗ってみたいと切望するEVカーを世に出し、マスコミの注目を集める。その後、ピラミッドのすそ野を広げるように5万ドル台のセダン、2万ドル台の大衆車へと展開していくという戦略だ。テスラ社は、創業から7年目の2010年、株式上場に成功した。新規自動車会社の上場はフォード社以来54年ぶりの快挙だった。

イーロンの卓越した能力の一つは、成功を単なる〝点〟ではなく、〝線〟で捉《とら》えることにある。どれだけ高性能なEVカーを作ったとしても、必要な時に充電できなければ〝点〟で終わる。〝線〟にするには充電ステーションの拡充がカギとなる。

そこでイーロンは、全米に高速充電が可能な「スーパー・チャージャー・ステーション」の設置を開始した。これでロサンゼルスなど西海岸からニューヨークのある東海岸まで長距離ドライブが可能となる。

しかも、充電ステーションは、地域の電力会社から電気を供給してもらうのではない。太陽光パネルを各充電ステーションに設置し、電気は自家発電してEVカーに充電できる仕組みを構築。そして、太陽光パネルの設置事業は、ソーラーシティ社が行っている。これはイーロンの従兄弟《いとこ》が経営する会社で、イーロンがアイデアと資金を提供し、会長も務めている。2012年には上場を果たし、全米が熱い視線を送っているクリーンエネルギー企業だ。

電気自動車に太陽光発電、そして宇宙ロケットと、どれ一つとっても、一つの国家でさえ手を焼く大事業だ。しかしそれを、イーロン・マスクはひとりでやろうとしている。

振り返ると、大学生時代のイーロンはたびたび、「人類の将来にとって最も大きな影響を与える問題は一体何か」と考えていた。そして、辿《たど》り着いた結論が、「インターネット、持続可能なエネルギー、宇宙開発の三つ」だった。なるほど、ここまでなら、よくある学生の〝妄想〟で片付く話だ。だが、イーロンが違うのは、この三つを実行に移していったことだ。

シリコンバレーで成功して得た資金の多くを、宇宙ロケット、電気自動車、太陽光発電の三つの事業にイーロンは惜しみなく投入してきた。だが、どの事業も困難に行く手を阻まれ、途中で投げ出したくなるような苦境に何度も陥ってきた。

たとえば、テスラ社はロードスター開発で迷走し、会社の資金が底をついてしまう。マスコミ連中がこぞって「テスラ社は倒産する」と騒ぎ出した時、イーロンは「もし、すべての投資家が見捨てても、私がテスラ社を支える！」と果敢に言い放ち、個人資産を投入して危機を乗り越えていく。

また、スペースX社はロケット「ファルコン1」の打ち上げに幾度も失敗した。それどころか、打ち上げの前段階でロケット本体に不具合が見付かり、発射台から降ろさざるを得ない屈辱も体験している。しかし、いずれの時も諦めることなく、イーロン・マスクは前を向いて全力で突き進んだ。その姿は感動的でさえあった。

イーロンの資産は、今や約80億ドル（約8千億円）と言われる。そして、2010年公開の映画「アイアンマン2」で、主人公トニー・スタークのヒントになった人物こそ、このイーロン・マスクだった。天才発明家にして大富豪の主人公が、アイアンマン・スーツを身にまとい、悪をやっつけるこのシリーズは世界中で大ヒットした。

アイアンマンは強敵と戦い苦戦しながらも、最後には思い通りの結末を迎える。しかし、イーロン・マスクの戦いは、思い通りにならない厳しい現実世界で繰り広げられていく。

本書は、イーロン・マスクの壮大なスケールの奮闘と、人類の未来を変える冒険をわかりやすく紹介していく。

彼の野望が、野望のまま終わるか、人類の歴史を変えるのか、それはまだわからない。しかし、我々は彼と同時代に生き、見守ることができる。どうか、身のまわりのいろんな悩み事からしばし離れ、破天荒なイーロンの挑戦を楽しんでほしい。

まずは、イーロン・マスクの幼年期から話を始めよう。

目次

4章

信念——宇宙への道

5章

独創――PCの電池で車を走らせる　121

6章

異端——ロケット作りの革命

8章

運命——地球を救え

※為替レートは2013年11月現在のものを使用しています。

カバー写真　©Bloomberg via Getty Images
装幀　細山田デザイン事務所（細山田光宣＋米倉英弘）

1章

降臨

―南アフリカから来た男

暗闇が怖かった少年

1971年、南アフリカ共和国の首都プレトリアの裕福な家庭で生まれたイーロン・マスクは、幼い時から本が大好きだった。弟や妹、まわりの子供たちがおもちゃに夢中になるのをよそに、「ロード・オブ・ザ・リング」や「銀河帝国の興亡」に熱中し、本を読みふけった。8歳でブリタニカ百科事典を全巻読破、小学校の高学年になると10時間も本を読みふけることさえあった。

一方で、普通の小さい子供と同様に、イーロンも「暗闇」をとても怖がった。怖くて仕方なかった。「ところがある時、『暗闇とはフォトン（光子）の欠如によるものだ』と知ってからは、暗闇が怖くなくなった」という不思議な素養と感性を持っていた。

本を読んで空想を膨らませ、「クロゼットの奥にはモンスターが隠れている」などとファンタジーの世界で妄想と戯れる普通の子とはイーロンは明らかに違っていた。本は楽しみのために読むだけではなく、本を通して事実を知り、知識を吸収しようとする子供だった。そんなイーロンの姿勢と素養が彼の10年後の未来を切り拓《ひら》いていくとは、両親でさえ想像できていなかった。

本の虫だったイーロンは1年早く小学校へ入学する。そのため、学校では年齢が一番若く、身体が一番小さかった。年齢以上に頭が良く知識豊富な子供――そんな同級生をまわりのクラスメイトたちは好きになるものではない。学校でイーロンは、荒っぽい扱いを受けることも珍しくなかった。つまり、イジメを受けていたが、かといって彼に学校を休むという選択肢はなかった。朝起きると学校に、どんなに嫌でも行くよう親から強いられた。

イーロンの父はオランダとイギリスの血を引く電気エンジニアで、母はカナダ生まれでモデルの経験もある優秀な栄養士であった。知識欲が旺盛で好奇心の強いイーロンは、父親に次から次へと質問をぶつけた。「父はエンジニアだったんで、疑問が起きると、すぐ父に何でも聞きました。これはどうなってるの?といった具合に」と語っている。父親はイーロンにとって教師のような存在だった。

10歳の時にイーロンは小遣いをためて、ただし、足りない分は父に出してもらって、念願のパソコンを購入した。そして、プログラムの教科書を手に入れ、独学でマスターしていった。

スタンフォードを2日で辞める

数学に秀でて、絵を描くのもうまかった父親だが、「PC（パソコン）なんて大して役には立たない」とイーロンに言ってきかせていたというからおもしろい。親の〝予言〟は往々にして当たらないものだ。イーロンは、PCに父とは違う何かを感じて熱中し、12歳の時分にはソフトウエア「Blaster」を作り上げて500ドルで販売している。PCと出会ったことでのちに彼はインターネット界で大成功を掴《つか》むことになるわけで、父親の予言は嬉しい方に外れてくれた。

ところで、イーロンが8歳の時に両親は離婚し、イーロンは弟と妹とともに母親と暮らすことになった。だが、母子家庭だからといって、世間一般が思うような財政的に苦しい生活とは違っていた。母のメイ・マスクは内向きな専業主婦タイプではなく、外に出て、バイタリティ溢《あふ》れる有能な栄養士として働き、3人の子供を見事に育てていった。後年、母メイは、イーロンと同様にアメリカに渡り、栄養コンサルタント、そしてアンチ・エイジングのエキスパートとして成功することになる。

さて、父親のいない生活をしていたイーロンだったが、ある時、母に向かって「父親と一緒に暮らしたい」と言ったことがあった。母が理由を尋ねると「お母さんは3人の子供がいるけど、お父さんには、いなんだもん」と答えた。父の元で暮らすのが正しいことのように思えたその一方で、かつて父親が自分を連れて行ってくれたことのあるアメリカに一緒に移り住みたい願いを心に秘めていたようだ。

この時は叶《かな》わなかったが、17歳になるとイーロンは母親の親戚が住むカナダにひとりで渡り、オンタリオ州にあるクイーンズ大学で学び、自分の人生を切り拓いていく。だが、故郷の南アフリカを離れることについて親は反対していたし、海外で学ぶことへの資金援助も無論してもらえなかった。イーロンはカナダでは親戚の家々で世話になりながら、1日1ドル以下の貧しい暮らしも体験した。農場で働きもし、まともな食事を取れない時は、格安のオレンジを大量に買い込んで乗り切った日々も、今となっては懐かしい思い出だ。

そして、アメリカ東海岸のペンシルベニア大学に奨学金を得て編入する。経営学と同等かそれ以上に熱中したのが物理学だった。子供の頃のイーロンにとってアメリカは、コミック漫画と映画とテクノロジーの国であり、自由の国だった。だから、自分でアメリカの大学に籍を得た。そして、そこで学んだことはイーロンの血となり肉となった。とりわけ、物理学の思考はその後の彼を力強く支えていく。

マイクロソフト社がウィンドウズ95を発売した1995年、イーロンがシリコンバレーの中心スタンフォード大学の大学院に入ると、まわりはインターネットブームに沸いていた。インターネットのウェブブラウザー（閲覧用ソフト）を生み出したネットスケープ社は世界中の注目を集め、アメリカンドリームを追い第二のビル・ゲイツを目指す若者たちが次々と新会社を興していた。スタンフォード大学にいたサーゲイ・ブリンとラリー・ペイジがグーグル社を作るのは1998年のことである。

熱気の中心に足を踏み入れてしまったイーロンが、学業に貴重な青春をかけるより、起業してビジネスにエネルギーを向けるべきだと決心したのは当然のことだったかもしれない。応用物理学と材料工学を学ぶためにせっかく入ったスタンフォード大学をたった2日で辞めると、イーロンの後を追いかけて南アフリカからカナダに渡った1歳違いの弟のキンバル・マスクとオンラインコンテンツの出版ソフト制作会社「Ｚｉｐ２」を創業する。そして、自分の可能性に向かって走り出した。

この24歳の早計な決断を「馬鹿な、無謀なことを」と嘲《あざけ》るか、「そうだ、起業し挑戦すべきだ」と応援するか、意見は分かれただろう。しかし、一つだけ断言できるのは、イーロンはアメリカについて「すごいことが可能になる国だ」と感じたからアメリカに渡ったという事実だった。そして、彼は実際にスゴイことをやってしまう。

現代版わらしべ長者

イーロンは24歳で作ったソフト制作会社Ｚｉｐ２社を、ＰＣ界で急成長し業界の旗手となっていたコンパック社にのちに3億ドルで売却し、これにより約２２００万ドル（約22億円）を手に入れ億万長者の仲間入りをした。次に「Ｘドットコム」という会社を創業した。弟のキンバル・マスクも出資したこの会社は、インターネットの決済サービスを提供していた。

ところが、時を同じくして、同様のサービスを展開していた会社があった。その名は「コンフィニティ」。創業者はマックス・レフチン。彼も、ウクライナの地からアメリカに希望を求めてやってきた若者だった。

ライバル関係にあったコンフィニティ社とＸドットコム社が、２０００年に合体してできたインターネット電子決済サービス会社が「ペイパル社」である。そして、最大手オークションサイトのｅＢａｙがペイパル社を15億ドルで買い取ったことで共同創業者だったイーロンは約１億７千万ドル（約１７０億円）の資産を手にする。それを元手に宇宙ロケット企業

「スペースX」を2002年に創業した。まるでわらしべ長者のような、いや、それ以上の大金持ちにとんとん拍子で成っていた。

その意味ではペイパル社は、イーロン・マスクを宇宙に押し上げる強力な推進力を持ったロケットだったと言える。だが、そのペイパル社には、イーロンにとって、素晴らしい思い出と、忘れたいほど苦い体験の両方がコインの表裏のようになって刻まれていた。

チェルノブイリ原発事故を逃れた家族

さて、ペイパル社のもう一つの生みの親だったコンフィニティ社と、その創業者マックス・レフチンについて少し語っていこう。

レフチンは1975年に旧ソ連のウクライナで生まれたがその11年後、1986年に100㎞ほどしか離れていないチェルノブイリ原子力発電所で爆発事故が発生したことで人生が激変する。史上最悪の原発事故だったことはご存じの通りだが、それが判明するのはしばらくのちのことである。物理学者で政府の研究機関で働いていた母親は、密かにこの事故の情報を知ると、一家全員でウクライナを脱出する決断をした。そして、遠い親戚を頼ってアメリカに渡ったのだった。手には700ドル相当のお金しかなかった。

レフチンたち家族はシカゴで暮らし、彼はごみ捨て場から拾ってきた白黒テレビを修理して、アメリカのテレビ番組を見て英語を覚えた。そして、両親が辛うじて手に入れた中古のPCを使ってプログラミングをマスターした。暗号化技術にはこの頃すでに興味を持っていたという。

高校を出てイリノイ大学アーバナ・シャンペーン校へ入ると、ソフトウェア技術で生計を立てたいと思うようになっていた。なぜなら、イリノイ大学は、ネットスケープ社を作り、インターネット時代の先鞭《せんべん》をつけたマーク・アンドリーセンを輩出していたからだった。

レフチンは在学中に三つのベンチャー企業を作り、そのうちのネットメリディアン社はマイクロソフト社に10万ドルで売却することに成功。そして、将来の可能性と出会うべくシリコンバレーに移り住み、時間を見つけてスタンフォード大学に通って世界経済のグローバル化について学ぼうとした。そこで出会ったのがピーター・ティールだった。ティールはドイツで生まれてカリフォルニアで育ったチェスの名手で、数字にめっぽう強く、スタンフォード大学では「スタンフォード・レビュー」を創刊し注目を集めた。その後スタンフォード大学のロースクールを出ると証券会社でデリバティブ(金融派生商品)取引を担当し、スタンフォード大学で特別講師として教えるようになっていた。

レフチンは暗号技術を活用したビジネスを考え、ティールと相談した結果、2人で起業することとなる。「フィールドリンク」と社名を付けたが、インターネット決済サービスを始めると社名を「コンフィニティ」に改めた。そしてサービスの名前として付けたのが「ペイパル」だった。

イーロン・マスク追放される

イーロンのXドットコム社とマックス・レフチンたちのコンフィニティ社は当初ライバル関係にあったが、2000年に合併することで合意し、当面はXドットコムを社名として引き継いだ（のちに「ペイパル社」に改名）。CEO（最高経営責任者）はインテュイット社のCEOだったビル・ハリスが、CFO（最高財務責任者）にはピーター・ティールが、そして最大株主だったイーロンは会長となった。

しかし、会社が合併すると外からは見えない内部抗争が生じるのは世の常だ。たとえば、日本では大手銀行が不良債権の後始末のために次々と合併し、メガバンクが誕生した。ところが、第一勧業、富士、日本興業の合併でできた「みずほ銀行」は、ATMで現金が引き出せなくなったり、二重引き落としまで発生するとんでもない大規模システムトラブルを起こし、世間の顰蹙《ひんしゅく》を買った。過去の栄華を引きずったのか、三行ともそれぞれ自行のシステムを使うことを主張し、きちんと統合システムの運用確認をすることを怠った挙げ句の、お粗末な結果だった。

さて、ペイパル社はというと、CEOのハリスとCFOのティールがやはりビジネス方針で反目し合っていた。その最中、ハリスが無断で2万5千ドルの政治献金を民主党にしていたことが表ざたになり、2人の対立は決定的なものとなった。

決裂寸前の状態になっていたのは、開発現場も同じだった。ウィンドウズNTに移行すべきだという一派と、UNIXで進めるべきだという一派が激しく対立していた。ちなみに、イーロンはウィンドウズ派で、レフチンはUNIX派だった。

結果、CEOだったハリスと敵対したティールは辞任し、その後、取締役会がハリスの更迭を決定。そして、イーロンがペイパル社の新CEOに就任することになった。

CEOになったイーロンは、まもなくするとサービス名を「ペイパル」ブランドではなく、Xドットコムに変更したいと思うようになり、準備を進めていく。だが、社内はこの動きに反感を持つ連中が多くいた。何をおいても、「Xドットコム」ではまるでポルノサイト名のようで、一般受けするのは難しいと思われていた。特に、コンフィニティ社出身者はサービス名の変更にこぞって反対していた。

加えてウィンドウズNT対UNIXの対立も解決しないまま、2000年9月に始まったシドニーオリンピックを観に行こうとイーロンは呑気《のんき》にもオーストラリアへ旅立ってしまった。この頃の彼はまだまだ甘かった。

そして、この機を見逃さなかった人物がいた。レフチンだ。レフチンはCEOイーロンがいない間にコンフィニティ社出身のメンバーを集め、クーデターを決行。取締役会を開き、イーロンの解任を求めた。「もし、要求が通らなければ、自分たちは会社を去る」と脅しも忘れなかった。

結局、イーロンの解任が決定、クーデター成功の知らせがオーストラリア行きの飛行機のイーロンの元に届いた。後に彼は自嘲《じちょう》気味《ぎみ》にこう語った。「これって、バケーションにつきまとう厄介事なんだよ」。この出来事は、アップル社を創業したスティーブ・ジョブズが30歳でアップル社を追い出された事件を連想させてしまう。

ペイパルの「関ヶ原の戦い」

イーロン・マスクはCEO職から解任され、代わってティールがCEOとなった。だが、ペイパル社の本当の戦いはこれからだった。

当時、ペイパル社はオークションサイト「eBay」で利用者数を増やしていた。ところが、eBayの女傑CEOメグ・ホイットマンからすれば、ペイパル社が自分たちのサイトを利用して金儲《もう》けをしているだけにしか見えず、内心苦々しく思っていた。そこで、メグ・ホイットマンは、買収したビルポイント社の決済サービス「ビルポイント」にシフトしようと策を練り動き出していた。

しかし、ペイパル社の方がサービス適性に優れ、何よりユーザーに強く支持されてアカウント数を大きく伸ばしていった事実は、メグ・ホイットマンの剛腕より強力だった。

また、ペイパル社のCEOティールは、この頃ペイパル社の身売り先を探し始めていた。しかも、成長度合いを見極めて会社を売却するのは、シリコンバレー流成功方程式の一つだ。しかも、ティールにはそれと並行して、株式上場も準備しておくという周到さがあった。万が一、おいしい身売り先がなければ、株式上場に打って出ようと考えたのだ。

まず、ティールはグーグルやヤフーに話を持ちかけたが失敗。結局、2002年2月15日ペイパル社は株式上場に打って出た。

そして結局、それまで不仲な内縁関係だったeBayとペイパル社は、15億ドルの〝結納金〟でペイパル社をeBayに正式に嫁入りさせることで合意。この時、株式の約12%を保持していたイーロンは、前述のように約1億7千万ドル（約170億円）を手に入れたというわけだ。こうして振り返ると、幸運と不運が入り混じっての棚ボタ式で手にしたカネだった。それでも、この巨額の資金が人類と地球を救うための宇宙挑戦へとイーロンの背中を押してくれたことは事実だった。

NASAがやらなきゃ、オレがやる

インターネットという大海でビジネスが次々と孵化《ふか》し桁違いに繁栄した背景には、揺るぎない〝鉄則〟があった。それは、「元手がなくても誰でも簡単にできること」だ。グーグルもフェイスブックもその〝鉄則〟にのっとっていた。

だが、それとは逆に、世の中には巨額の資金がないと参入すらできない業種も厳として存在する。その代表格が宇宙ロケットビジネスだ。宇宙ロケット開発はとんでもない金食い虫だ。

確かにイーロン・マスクは億万長者になったが、宇宙ロケット開発で必要な金額はそれより途方もなく大きい。イーロンはなぜ、よりによってそんな宇宙ロケットの世界に足を踏み入れたのか。

話は2002年にさかのぼる。ニューヨークに戻る車の中、一緒に乗っていた大学時代からの友人との会話がきっかけである。夜遅く、外は雨が降っていた。

長いドライブの退屈しのぎに「ペイパルのあとは何をするんだ?」と何気なく尋ねられたイーロンは、「宇宙にはずっと前から興味はあったんだ」と答えにもならない呟《つぶや》きを返した。ペイパル社を売り大金持ちになるイーロンだが、宇宙に関しては、「俺ひとりで何かできることなんて、ナイなあ」と思っていた。夜の闇の中を車は進んでいた。宇宙ロケット開発は、カネはかかるし複雑でややこしい。しかし、若い二人は揃って「でも、人類が、火星に行くのは間違いない!」と盛り上がった。その時、イーロンの脳裏に、啓示にも似た疑問が湧き上がる。「じゃあ、何で人類はこれまで火星に人を送らなかったんだ?」。イーロンはNASA(アメリカ航空宇宙局)のサイトをチェックした。ところが、火星については何も書いてなかった。

「これって、何かの間違いじゃないの?」。

実は、世界の宇宙開発をリードしていたアメリカが火星へ人を送りこむ希望を捨てたのは、技術的に困難だからではなかった。宇宙ロケットのコストがあまりに高いことこそが本当の理由だった。1989年に火星への有人飛行について試算があり、それによると5千億ドル（50兆円）もかかるとされていた。

だが、この数値は政治家たちの思惑《おもわく》で増やされたものだった。アメリカの政治家たちは、多額過ぎる予算を費やす計画は政争の種になると嫌がって遠ざけたのだ。つまり、夢はあるが莫大なカネがかかる計画を有名無実化するには、技術的理由よりも経済的理由を前面に出す方が手っ取り早い。その結果、アメリカ国民は火星へロケットを飛ばすことに興味を失った。実際にNASAは、火星に人類を送り込む性能を持ち、経済合理性も満足する安いロケットを作り出そうとは考えなかったのだ。

ならば、「火星ロケットを自分で作ればいいじゃないか」とイーロンは意を決した。

数カ月後、イーロンは宇宙ロケット会社「スペースX」を設立した。しかも、目標は「火星へ人類を移住させること」だ。

そもそも、地球の総人口はすでに70億人を突破し、2050年には100億人に迫るという。だが、二酸化炭素は増え、海面上昇や自然環境悪化は加速。異常気象は常態化し、食糧難や水不足まで危惧される地球にそんなにたくさんの人が住めるのだろうか。人類はいずれ地球以外の惑星で住まなくてはならなくなると考えたイーロンは、人類を火星に移住させるための行動を起こした。

そのために越えなければならない第一のハードルが〝巨額過ぎる〟ロケット開発費だった。

原理に立ち返る

イーロンはペンシルベニア大学で物理学を専攻したが、彼ほど物理学的思考を実際のビジネスで縦横無尽に活用した経営者は他にいないかもしれない。物理学では、モノマネ（アナロジー）でなく、〝原理〟から思考を展開する。

しかし、我々の日常生活や仕事では、意識しているかどうかは別にして、アナロジーによる推論を実行している。たとえば、まわりの大人や先輩たちがやっているやり方を見て学びマネをし、さらにもう少し上手に効果的にやれるようになっていく。子供の成長などはその典型例だ。

ところが、まったく新しいことに挑戦する場合は、アナロジーは役に立たない。真空管は、かつて電気製品のコア技術だった。しかし、真空管をどれだけ突き詰めても、根本原理が異なるトランジスターを発明することはできなかった。そのため、フィリップス社など大手真空管メーカーはトランジスター事業に転換するのが大きく遅れた。過去に例のない新しいモノを生み出す場合は、原理に立ち返って物事を見つめ直す姿勢が最も重要であることをイーロンはわかっていた。

ロケット開発を目指したイーロンの最初の一歩は、「ロケットの材質は何からできているか?」という根本的な疑問から始まった。答えは、航空宇宙用のアルミ合金であり、さらにチタンや銅、そして炭素繊維である。

次に、「これら材料の市場価格はどのくらいか?」。辿《たど》り着いた答えは、ロケットの材料コストは開発全体のコストのたった2%だということ。この値は、他の機械製品と比べものにならないほど低い数値で、たとえばテスラ社の自動車なら20~25%、パソコンに至っては90%が業界の常識だ。いずれにしても一桁以上も違ってくる。

これは何を意味するのだろう? そう、イーロンはここから「ロケットの総コストは大きく下げられるんだ」という根源的にして勇気溢れる結論を導き出した。ここで従来より格段に安いコストでロケットが作れると彼流の確信を得たのだ。

たとえば、アメリカが作ったデルタⅣは開発費に25億ドル(2500億円)、打ち上げコストは1億5千万ドル（150億円）もの巨額が必要とされていた。

そのような中、イーロンは「従来のコストの10分の1でロケットを打ち上げる」と狂気とも思える目標を掲げ、宇宙ロケットのベンチャー企業「スペースX」を出航させていったのである。


ところで、アメリカは誰でも簡単に起業できる国であり、ベンチャー企業の誕生など珍しくもない。スティーブ・ジョブズはたった千ドルあまりでアップル社を創業したし、グーグルもフェースブックも似たようなものだった。

だが、宇宙ロケットとなると話は違う。いくらコストを下げるといっても、莫大な原資が必要なことに変わりはない。ところが、ベンチャー企業はカネもなければ人材も乏しいと相場は決まっている。「ベンチャー企業なんかにロケット開発ができるのか？」と世間の人々は訝《いぶか》った。ロケットの専門家たちは、とてつもない多額の資金と何十年にも及ぶ開発期間が必要で、何より政府の全面支援がなければ不可能だと断じた。

しかし、そんな批判や中傷に挫《くじ》けることなく、イーロンとスペースX社のメンバーは同社にとって初の宇宙ロケット「ファルコン1」の開発に着手していく。そこには、「人類を火星に移住させる」という壮大な信念が宿っていた。

そして、スペースX社創業から2年が経とうとしていた頃、イーロンはもう一つの運命の糸に導かれようとしていた。それは……電気自動車だった。

電気自動車に取りつかれた男たち

イーロン・マスクは大学時代にたびたび、二酸化炭素など増え続ける温室効果ガスと地球環境の将来について考えることがあった。そして、排気ガスを出さず自然環境破壊をこれ以上増やさないためには、ガソリン車ではなく、電気自動車が普及すべきだと確信していた。いつかは電気自動車を商品化したい。だが、イーロンはその願望を心の片隅に秘めながらZip2社、そしてペイパル社を立ち上げていった。2002年にスペースX社を興すと、イーロンの時間とエネルギーのすべては、当然のことながらロケット開発に向けられていた。

そんな頃、ガソリン車に代わる電気自動車を作りたいと真剣に思っている人物がいた。名はマーティン・エバーハード。そしてもうひとり別の場所で、幼い時の体験をきっかけに電気自動車を作りたいと燃えていたのがJ・B・ストローベルだった。ストローベルは、スペースX社を設立し脚光を浴びる億万長者で自分より4歳年上のイーロン・マスクに出資を求めることにした。

一方のエバーハードはというと、電気自動車メーカー「テスラ・モーターズ」をカリフォルニアで創業し、資金を調達しようとベンチャーキャピタルをかけずり回ったが、そっぽを向かれて困っていた。エバーハードはカリフォルニア生まれでイーロンより11歳年上、中東からの石油依存体質に疑問を持ち、地球温暖化に歯止めをかけるべきだと考えるコンピュータサイエンスの学位と電気工学の修士を持つ人物だった。イリノイ大学アーバナ・シャンペーン校を出たエバーハードは、ワイズ・テクノロジー社でエンジニアとして働いたのち、ネットワークターミナルの会社など2社を創業。そして、テスラ・モーターズを起業したのであった。

エバーハードの電気自動車の源流には、ACプロパルジョン社（ACP）のｔｚｅｒｏがあった。ACP社は1992年にアラン・ココーニたちが作ったアメリカの電気自動車メーカーで、量産ではなく設計を中心に行う会社だ。そして、ACP社のｔｚｅｒｏは1997年に登場したハンドメイドの電気自動車スポーツカーで、鉛蓄電池を搭載し、それでも150kWの出力を実現した。0－97㎞／ｈが4・7秒と素晴らしい走行性能を見せ付け、関係者の間では話題となっていた。

ACP社のtzeroを頭に描いたのは若きストローベルも同じだった。ストローベルは、14歳の頃、中古店でゴルフの電動カートを見て電気自動車に心底魅了された。それ以来、長年にわたり電気で動く自動車を作ることを夢見ていた。

ハイブリッドのトレーラーをいち早く考え出したり、25歳の頃にはポルシェ944を電気自動車に改造して走らせたりするほどの電気自動車フリークだ。ストローベルはスタンフォード大学でエネルギー工学の学位と修士を得て卒業し、しばらくするとローゼン・モーターズ社で働き始め、ハイブリッドのパワートレインの開発に従事。その後、ヴォラコム社という航空宇宙企業を共同で創業し、水素発電の高高度飛行機開発などに携わった。また、遠距離を飛行するハイブリッド推進システムを考案し特許も取得したが、この技術はボーイング社にライセンスされている。

イーロン・マスクは、ストローベルと出会い、そしてエバーハードからテスラ社への出資を請われたことを契機に、リチウム電池で動く自動車を作る新たなビジネスに足を踏み入れた。二酸化炭素をまき散らすガソリン車でなく、排気ガスをまったく出さない電気自動車を普及させ、持続可能な社会を作り出すためである。言うまでもなく、ロケット企業スペースXとの掛け持ちだった。

２００４年、イーロンはテスラ社への出資と同時に取締役会の会長となり、エバーハードがＣＥＯに、ストローベルはＣＴＯ（最高技術責任者）に就任した。イーロンは電気自動車の製品コンセプトを、投資家として一段上の立場から見直すことにした。

そして行き着いたイーロンのＥＶ戦略は独創的だった。他社が、ずんぐりした車体デザインで一般ユーザー向けのコンパクトカーを目指したのに対して、いきなりピラミッドの頂点を目指す。つまり、誰もが欲しくなるようなカッコいいスポーツカーで立ち上げ、世間の注目を集める戦略である。その後、メインストリームの車に拡大し、ピラミッドのすそ野を目指していく。具体的には、上級モデルが10万ドルクラスで二人乗りスポーツカーの「ロードスター」、中級モデルが5万ドル程度の４ドアセダン、そして、２万ドルクラスの大衆車を出していく。

まずはロードスターの開発だ。そのために、先立つモノが必要だった。

投資家の剛腕

テスラ・モーターズ社でのイーロンの最も重要な役割は、全米の投資家から資金を集めるという胃の痛くなるミッションだった。そのためにも魅力的な事業計画は欠かせない。まずは、イーロンとエバーハードは、フラグシップのスポーツカー「ロードスター」を開発期間2年間で完成させようと計画を練り、開発費は2500万ドルと想定した。だが、この計画の甘さが後に彼らを苦しめることになろうとは思いもよらなかった。

全米一の楽天家にして現実主義者のイーロンは、2004年に実施した第一回目の投資ラウンドで750万ドル(約7億5千万円)を調達することに見事成功した。2005年の第二回目では1300万ドル(約13億円)を集めた。ここには、コンパス・テクノロジー・パートナーズなど、イーロンのホームグラウンドであるシリコンバレーの大手ベンチャーキャピタルたちから調達した資金もあった。

しかしながら、カネだけではテスラ社が目指すカッコいい電気自動車作りには不十分だった。実のところテスラ社は素人集団であり、車作りの〝師匠〟を必要としていた。

そこで、イギリスのロータス社と共同開発契約をテスラ社は締結することにした。ロータス社は1952年にイギリスで誕生し、数々のレーシングカーを世に送り出した名門自動車メーカーである。特に、1996年に登場した「ロータス・エリーゼ」はライトウエイトのスポーツカーとして世界を魅了し人気を集めた。流線型のセクシーなボディラインに低いドライブシート。車体にはアルミ合金を、外装にはFRP（繊維強化プラスチック）を使うなど大胆な軽量化を実現した。ちなみに、「エリーゼ」は、経営危機に陥ったロータス社に救いの手を差し伸べたロマーノ・アルティオーリの孫娘の名前であった。

素人集団のテスラ・モーターズにとって、ライトウエイトのスポーツカーで実績のある名門ロータス社との組み合わせはベストマッチだとエバーハードは確信していた。この契約により、ロータス社から新型電気自動車の設計開発のアドバイス、並びに製造協力が得られ、ヨチヨチ歩きのテスラ社にとって、保育士と家庭教師の両方をあてがってもらったほどの絶大な効果があった。

二つのクラッシュの違い

テスラ社での初めの試作モデルは、ロータス・エリーゼのボディにテスラ社の技術者が作り上げたばかりの電気自動車のドライブシステムを組み込んだもので、とにもかくにも実験に突入した。自動車は走らせてみなければわからない。そして、テスラ社は数十機種以上の評価用プロトタイプを作製し、耐久性や対衝撃性など最高の電気自動車となるための数々のテストに投入して問題を洗い出していった。

ところで、テスラ社にはＩＴ（情報技術）出身者が多くいる。イーロンもそうだし、エバーハードも数々のソフトウエアの問題に向き合い解決してきた経験を持つ。そのＩＴの世界では、コンピュータの〝クラッシュ〟なんて珍しくもないし、多くの場合、致命的な被害は与えない。

しかし、今の彼らが作っているのは自動車だ。万が一交通事故が起きても、トラックとぶつかっても、ドライバーの安全がきちんと守られなければ話にならない。

エバーハードは講演会でこう言っていたことがある。「自動車の〝クラッシュ〟は、ソフトウエアの〝クラッシュ〟とまったく違うんだ」。ＩＴの世界では当たり前のことが、自動車開発では当たり前でなかった。自動車作りの経験がない連中が集まって、ロードスターを一日も早く完成させようとテスラ社の技術者たちは懸命の努力をつぎ込み試行錯誤を繰り返すが、暗いトンネルの先はまだ見えないままだった。

2章

難航――人生最悪の時

日本人が知らない南アフリカ

イーロン・マスクが生まれた南アフリカ共和国という国は、日本人にとってなじみが薄い。アフリカ大陸の他の国々がそうであるように、南アフリカ共和国も、先住民族とヨーロッパ人との戦いと、植民地化の歴史が流れている。

南アフリカに大きな変化をもたらしたのは、大航海時代を背景にしたポルトガル人やオランダ人たちの到来だった。オランダ東インド会社は、喜望峰（ケープタウン）を中継基地として利権を拡大し、それにつれオランダ人移民は増え、ついにケープ植民地が誕生した。そこでは、有色人種は奴隷として扱われていった。

当然ながら、先住民族とヨーロッパ人たちの間で争いはたびたび起きる。さらに、ダイヤモンドや金の鉱山が発見されるとイギリス人もやってきて、ナポレオン戦争が終わると、植民地の支配者はオランダ人からイギリス人へと代わった。

これにより英語が公用語となり、第二次世界戦が終わるとアパルトヘイト（人種隔離政策）がより一層強化されていくことになる。

その一方で、アフリカ大陸全体では植民地支配からの独立が進み、1975年には近隣のアンゴラやモザンビークなどが宗主国からの独立を果たしていた。1980年代になると、南アフリカ共和国のアパルトヘイト政策に対し、西側諸国から経済制裁が加えられ、国内の反体制運動は激しくなった。イーロンが思春期を過ごした時代はまさにこの頃だった。

1987年にイギリスで作られた映画「遠い夜明け（邦題）」は、アパルトヘイト政権下で、黒人解放活動家として活躍したスティーヴ・ビコが警察権力によって殺害された事件を主題に、アパルトヘイト廃絶を訴える話題作だった。黒人俳優のデンゼル・ワシントンが主演したこの映画は、南アフリカ共和国でも公開された。しかし、過激な白人勢力が上映劇場を爆破する事件が多発し、映画を観るどころではなかった。

1988年、イーロンは17歳の時に南アフリカ共和国を旅立ちカナダへ向かう。当時の南アフリカには徴兵制がしかれて、男性は18歳で兵役の義務が課されていた。イーロンは、「兵役を務めることそれ自体は問題ではなかった。だが、黒人を抑圧する南アフリカの軍務に就くことが自分の人生を過ごす真にいい方法とは思えなかった」と出国の理由を語っていた。

イーロンが南アフリカ共和国を離れたのち、故郷は激変する。1991年、デクラーク大統領はアパルトヘイトの廃止を宣言した。そしてついに、1994年に黒人のネルソン・マンデラ大統領が誕生した。

ところで、マンデラ大統領の偉大な点は、支配者だった白人への復讐《ふくしゅう》や、過去の悲惨な日々に縛られるのではなく、両者の和解と融和を打ち出し、未来に目を向けたことにあった。もし、南アフリカの黒人たちが過去への復讐心を白人に向けたなら、南アフリカという国家は崩壊したかもしれない。世界には、今日でも過去の憎しみに縛られる国家や民族がある。憎しみを水に流し、融和を紡ぎ出すマンデラ大統領の政治的英断は、憎しみの連鎖を解く最善の方法として地球上の人々に貴重な教訓となったはずだ。

いずれにしても、イーロンは過去のしがらみに足を取られることなく、アパルトヘイトに縛られていた南アフリカ共和国を巣立ち、カナダを経てアメリカで新たな歴史を作っていくのだった。

ファルコン1を打ち上げろ

南アフリカを離れて17年後の2005年、この年は春にインドネシアのスマトラ島沖地震が発生し、夏にはルイジアナ州などアメリカ南東部をハリケーン「カトリーナ」が襲い多大な被害を出すなど、不安が世界を横断していた。

不安の風に挑むかのように、イーロンはCEO（最高経営責任者）として、〃本業〃のスペースX社のとびきり重大な発表を行った。同社として初めての無人宇宙ロケット「ファルコン1」を11月25日に打ち上げると世界に向かって宣言したのだった。人々の注目は、シリコンバレーの若き成功者イーロン・マスクとスペースX社、そして彼ら新参者が作るファルコン1に、期待と不安をないまぜにして膨れ上がった。

ところで、初めて打ち上げようとしているファルコン1とはどんなロケットなのだろう。そもそも、ロケットの推進システムには「固体燃料ロケット」と「液体燃料ロケット」の二つがある。

固体ロケットは、燃料と酸化剤を混ぜ合わせて固めた固体燃料を用いるので、構造部品が少なく大きな推力を生み出すことができる。しかし、一度着火すると燃焼を止めることができないので、正確な制御コントロールがしにくい欠点がある。しかも、ロケット全体を燃料燃焼時の高温と高圧に耐えるよう頑丈に作る必要があり、重くなってしまう。

一方、液体燃料ロケットは燃料と酸化剤を別々のタンクに保存し、燃焼室で両方を混合して燃焼させるため、燃焼状態を制御し推力を正確にコントロールすることができる。推進剤を供給し、噴射、燃焼などを行うため、構造はやや複雑になるが、ひとたび着火してしまうと燃焼が止められない固体燃料ロケットと違って、着火と消火を繰り返せるので、発射前に燃焼実験を重ねて性能の向上と確実性を高めることができる。現在、日本のH-2Aを初め、世界各国が打ち上げる大型ロケットは液体燃料ロケットである。さらに、量産適正に優れているので、同じものを多数作りながら信頼性を向上させ、コストを下げることが可能だ。スペースX社のファルコン1、そして、その後継ロケットはすべてこの液体燃料方式で設計されている。

いきなりの失敗

さて、液体燃料を充填した全長21m、総重量約39tのロケット、ファルコン1は南太平洋のクェゼリン環礁に浮かぶオメレク島のロナルド・レーガン弾道ミサイル防衛試験場に持ち込まれ、発射準備が整えられていった。新たな歴史を作ろうと燃えるスペースX社の打ち上げスタッフたちは、あらゆる準備と努力をつぎ込んだ。

しかし、万全の準備を整え終えたのは予定された日より1日遅れの11月26日だった。その上、悪天候により、カウントダウンは1時間遅れた。それでも、イーロンの宇宙への夢の第一歩であるファルコン1は打ち上げの瞬間を待っていた。

ところが、あろうことか、打ち上げ直前に液体酸素燃料タンクの設定ミスが発覚。急いで、手動で修復を図った。だが今度は、メインエンジンのコンピュータにも問題が見付かり、結局、この日の打ち上げは中止するしかなかった。

イーロンは愕然《がくぜん》とする。けれども、打ちひしがれているヒマはなかった。「新しい打ち上げ日程は……12月中旬」と発表し、世間の注目を息切れさせないように努めた。そう、世間は気まぐれだ。インターネットの世界を体験したイーロンはよく知っている。上手に付き合わないとすぐに忘れ去られることを。

スペースX社の技術者たちは問題解決に躍起になって取り組んだ。そして20日余り後の12月19日、ファルコン1は再び発射台に乗り天空に狙いを定めた。

しかし、天空の女神はここでもイーロンたちに試練を課した。打ち上げの直前で、またもや中止となったのだ。

理由は、第1段ロケットの燃料タンクに構造的な欠陥が発見されたからだった。問題の分析と修理のため、ファルコン1は発射台から降ろされた。まるで、ボクシングのリングに上がりながら、グラブを交える前にドクターストップで負けを宣言されたような屈辱だった。

イーロンは、張り裂けんばかりの心中を押し殺しこう言った。「私の予想では、打ち上げは早くても1月下旬に延期されるだろう」。

宇宙は遠い

可能性に挑戦したからといって、すぐに成果が得られるほど人生は甘くはない。挑戦と成果の間には、過酷な試練が待っているものだ。

スペースX社のファルコン1は、クェゼリン環礁のロナルド・レーガン弾道ミサイル防衛試験場から飛び立てずにいた。2006年1月が過ぎても打ち上げ台に乗せることもできなかった。

仕方なく「2月には打ち上げられる」と発表してみたが、2月10日にトリノ冬季オリンピックの開会式が始まってもイーロンを取り巻く事態は厳しいままだった。「ロケットエンジンのテストを終えたが、打ち上げのゴーサインまでには至らず、もう少し時間がかかりそうだ」とできない事情を説明するしかなかった。

「やっぱり、ベンチャー企業じゃ、荷が重かったんだ」と多くの人々が落胆した。

NASA（アメリカ航空宇宙局）はスペースシャトル引退後、ISS（国際宇宙ステーション）への物資輸送に民間企業の力を活用することを決めていた。これまでのNASAのやり方では費用が莫大になり過ぎ、民間活用でコストを抑えたいと考えた結果、商業輸送計画が始動した。NASAがこれまで蓄積した技術的知見と資金を民間企業に提供し、低軌道輸送やISSを目指してもらう。その有力な民間企業がイーロンが作ったスペースX社だった。

しかし、たび重なるファルコン1打ち上げ延期の状況を目の当たりにすると、NASAの判断そのものに対する批判が起きた。人類で初めて月面に降り立った宇宙飛行士ニール・アームストロングもそんなひとりだった。民間企業がISSへの輸送にもたつけば、これまでNASAがやってきた宇宙探査の足まで引っ張ってしまう。しかも、もし人命に関わる大惨事を引き起こせば、世論の宇宙開拓への熱は一気に冷めて、巨額投資が無駄の象徴だとやり玉に上がりかねない。

ファルコン1が飛び上がれない現実を喜ぶように、「言っただろう、駄目だって」と宇宙開発の専門家たちはしたり顔でため息をついてみせた。米国の宇宙ロケット開発は、日本の原発事業とよく似ている。つまり、巨大な利権がからみ、「ムラ」ができる。ムラは、新規参入はお断りだ。

だが、宇宙ロケットムラの住人たちがどれだけ批判しようと罵声《ばせい》を浴びせようと、イーロン率いる優秀で野心的な技術者たちはファルコン1を打ち上げようと地道で懸命な努力を続けた。批判は事実でひっくり返すしかない。

ついにファルコン1が飛んだ……だが、

2006年の春、第一回ワールド・ベースボール・クラシックが開かれた。王貞治監督率いる日本チームがチャンピオンの座に着き、日本中が熱狂したその数日後、スペースX社のファルコン1が大空へ飛び立つ日が来た。

2006年3月24日、ファルコン1は発射台に猛烈な炎と煙を叩きつけながら南太平洋の天空に見事に舞い上がった。最初の予定から4カ月遅れのことだった。イーロンも技術者たちも「よし!」と思った。……だがその時、ファルコン1の断熱材が落下した。さらにその数秒後、今度はエンジンノズルの噴射方向が急激に変わってロケット姿勢が崩れた。そして、打ち上げから約40秒後、南太平洋に墜落し、巨額の開発費を投じて作り上げたファルコン1は、スペースX社の技術者たちの苦労とともに海のもくずとなった。イーロンには、空が歪《ゆが》んで見えた。

打ち上げ失敗の原因を技術者たちは必死で探った。そして、燃料漏れが起き、そのまわりで火災が発生したこと。燃料漏れで燃料タンク内の圧力低下を引き起こし、安全装置が作動してエンジンが停止したこと。そのため、打ち上げから41秒後にファルコン1は太平洋に墜落したことを突き止めた。

人生もロケット開発も失敗は避けて通れない。大事なことは失敗から何を学ぶかだ。

燃料漏れが起きる前まで、メインエンジンやソフトウエアなど、ファルコン1の飛行は順調だったし、飛行軌道のズレも0・2度以下で好結果を得ていた。

スペースX社の技術者たちは、ファルコン1がなぜ燃料漏れを起こしたかの根本原因の特定を急いだ。そして、次の打ち上げに向けて最大限の努力を傾注した。しかし、夏が過ぎ秋になりクリスマスシーズンになっても、ファルコン1は飛び上がれずにいた。

高まるテスラ社への期待

スペースX社のファルコン1が宇宙に飛び上がれず、もがいていたのとは対照的に、世間の人々の電気自動車メーカー「テスラ・モーターズ」に対する期待値は上がっていった。

テスラ社は2006年に第三回目の投資ラウンドを実施し、イーロンは4千万ドル(約40億円)を調達した。今回の投資ラウンドには、グーグルの共同創業者のサーゲイ・ブリン、ラリー・ペイジ、eBayの元社長ジェフリー・スコールなど〝有名人〟が、テスラ社の将来に夢と希望を託して出資してきた。マスコミも大きく報じて注目度はさらに高まった。

ところで、この2006年のアメリカ独立記念日7月4日に太陽光発電企業「ソーラーシティー」が産声を上げていた（詳しくは後述）。創業者はイーロン・マスクの従兄弟《いとこ》でリンドン・リーブという若者だ。石油など化石燃料を燃やして二酸化炭素を増やし地球環境を破壊してしまう邪悪なサイクルを打破しようと立ち上げた会社である。実は、イーロンがアドバイスを与え、出資もして、ソーラーシティー社の会長にもなっていた。スペースX社とテスラ社という目の前の事業が大変なのに、地球規模の視点から物事を見据えようとするイーロンの懐の深さと壮大なスケールの事業観には、ただただ恐れ入る。彼の野望は、それだけ決然たるビジョンを伴っているのだろう。

さて、話をテスラ社に戻そう。イーロンとエバーハードは事業スタート時点で、高級スポーツカー「ロードスター」の開発期間を2年、開発費用は2500万ドルともくろんでいたことはすでに述べたが、あっという間にその2年は過ぎた。資金は6050万ドルと、計画を超える金額を集めた。だが、……肝心のロードスターは走り出せないでいた。そして、2007年5月には、第四回の投資ラウンドを実施し4500万ドル（約45億円）を集めた。

ところがこの頃、テスラ社内は混乱を極めていた。

ロードスター開発現場の混乱

ロードスターは高級スポーツカーで、値段はアメリカで10万9千ドル（約1千万円）もする。予約販売を開始するや、ハリウッド俳優のレオナルド・ディカプリオやブラッド・ピット、ジョージ・クルーニーなどきらびやかな有名人たちが購入に名乗りを上げ話題となった。だが、話題だけでは商売にならない。ロードスターは出荷できてナンボのものだ。

ロードスターは出荷にもたついていた。その原因は、電気系統の開発がうまくいっていないのではと世間で噂《うわさ》されていた。ところが、実際の大きな問題は動力伝達装置のトランスミッションにあった。

最初の設計ではマグナ・インターナショナル社製の2速トランスミッションを採用していたが、耐久性で問題が発覚した。数千マイルの走行テストで不具合が生じてしまい、急いで設計変更を行う事態に追い込まれた。結局、ボルグワーナー社製を使うことを決断した。

しかし、すでに予約注文を抱えているという時間的制約から、初期出荷は旧来のマグナ・インターナショナル社製のトランスミッションを組み込んだ製品で間に合わせるしか方法はなかった。そのあとで、ボルグワーナー社製のトランスミッションと、それに関連するパワーエレクトリック・モジュールと冷却システムに設計変更を加えた改良型が準備でき次第、出荷した製品の入れ替え作業を行うという苦し過ぎる算段をしていた。

製造コストもテスラ社のクビを絞めていた。

ロードスターは予定生産台数が２５００台と少ないこともあり、部品サプライヤー（供給者）について当初は量産車向けを得意とするメーカーではなく、少量の特注品を手がけるメーカーを選んでいた。だが、これが製造現場の採算性を悪化させる要因となった。少量の生産では、量産メリットを生かそうとする前に予定生産数に達してしまう。

どれもこれもがわかっていたことだが、見通しが甘すぎた。ロードスターが出荷できなければ売上は上がらない。資金繰りは行き詰まり、テスラ社は取引先への支払いにも窮し、社内は混乱した。

しかし、失敗をしなければ次のステップには行けない。失敗から短時間で最大限の学びを得るのがシリコンバレー流だ。

２００７年、ロードスター発売を2カ月先に控え、このままでは事態の収拾は無理だと判断したイーロンは、創業者エバーハードにクビを言い渡し、新しいＣＥＯを探す決断をした。

ジリジリと暑い夏が続いていた。

イーロンは投資家としてテスラ社の経営に参加していたが、設計にも口を出していた。それがいい結果を生む時もあったが、CEOであるエバーハードとの対立を生む場面もあった。

たとえば、ドアノブをタッチパッド式にしろとイーロンは設計に口を出したことがあった。エバーハードは、そんなことをしたらコストが余計かかるし、ロードスターの出荷日程がさらに遅れてしまうと反論した。またある時は、ドアの下側に位置する車体の梁《はり》部のサイドシルパネルを現状よりもっと低くするようイーロンは言い出したが、そうしたら作業負荷が多大になってしまうとエバーハードはここでも反対した。

この類いの対立がすべてを代弁してくれるわけではないが、いずれにしても、イーロンとエバーハードの関係は悪化し、ロードスター開発の足を引っ張ったことは疑う余地がない。クビを言い渡されたエバーハードは、のちにテスラ社とイーロンを相手取って訴訟を起こすことになる。

それでも、混乱したテスラ社を再浮上させるために、イーロンは自分がCEOになるのではなく、他の人物を探すことにしたのは賢明な選択だった。その理由は、イーロンのもう一つの会社「スペースX」が火を噴いていたからだ。

失敗しても、前を向け

テスラ社では創業者エバーハードとイーロンの関係がギクシャクし始めた頃、スペースX社の技術者たちはファルコン1の打ち上げ準備に一心不乱に取り組んでいた。

そして、2007年3月20日、ファルコン1はクェゼリン環礁のロケット打ち上げ場で天を睨《にら》み、カウントダウンを始めた。前回の打ち上げ失敗からほぼ1年が過ぎてしまい、ようやく今日に至ったのである。

果たして、スペースX社の技術者たちが全力を傾け、そして万難を排し準備したファルコン1は、南太平洋の空に飛び上がってくれた。だが……、その日のネットニュースはこう伝えた。

「スペースX社のファルコン1　二度目の打ち上げ失敗」。

打ち上げから約7分後、予定より早く第2エンジンが停止してしまい、予定した軌道に到達しなかった。

ところが、イーロンはここでも楽観的だった。いや、楽観的であろうとした。そして、逃げ出したくなるような大失敗の泥沼から、数少ない技術的成功の痕跡《こんせき》を見付け出す努力をした。

まず、第1段エンジンの分離は成功した。さらに、第2段エンジンの点火、そしてペイロード（搭載物）の分離はすべてうまくいった。何より、ファルコン1が高度約300㎞まで到達したことは嬉しい結果だった。

イーロンは、「宇宙ロケットは間違いなく極度にストレスの高い事業だ。しかし、私は今回の結果に失望などしていない。それどころか、とてもハッピーだ」と言い切った。この楽観主義こそが未開の宇宙空間挑戦の原動力である。第二次世界大戦中ノルマンディー上陸作戦を指揮し、第34代アメリカ大統領になったドワイト・アイゼンハワーも「指揮官はまず楽観的であることが重要だ。指揮に自信と情熱と楽観の匂《にお》いがなければ、勝利はおぼつかない」と語っている。

イーロンはマスコミに対して「今日の打ち上げは成功だったし、素晴らしい一日となった。パーフェクトな一日じゃなかったが、素晴らしい一日だった」と渾身《こんしん》の力で前向きの言葉を絞り出した。もちろんこの言葉は、肩を落とす部下たちへの激励に他ならなかった。リーダーが意気消沈していては、部下たちまで下を向いてしまう。歯を食いしばってでも、リーダーは最高の演技をしなくてはならない。

イーロンの度量と先見

夢には一つの習性がある。フォロワーの風に乗るとドンドン膨らむが、アゲンストの風に遭うとあっさりしぼんでしまうことだ。この習性をよく覚えておかないと、夢は手に入らない。

常識破りの猛烈なアゲンストの風だからこそ、イーロンは非常識の度量で立ち向かった。驚くことに、イーロンの眼はただファルコン1にだけ向いているのではなかった。ファルコン1の10倍以上の軌道投入能力を持ち、総離陸推力は15倍を超える大型ロケット「ファルコン9」も並行して設計開発を進行させていたのだった。

スペースX社の技術者たちは暗澹《あんたん》たる情勢の下でもファルコン9の詳細設計レビュー書を地道に完成させて、NASAに提出し承認を待った。ファルコン9は、ISSへの物資輸送などを行うNASA主導のCOTS計画（詳しくは後述）に基づく打ち上げを予定し、ファルコン9の先端には、スペースX社が独自開発する宇宙船「ドラゴン」を搭載するプランとなっていた。

それにしてもだ。第一ステップのファルコン1さえまともに飛べないのに、ファルコン9や宇宙船ドラゴンの開発設計にまで手を付けるとは。失敗を恐れ、石橋を叩いて渡りたがる日本人の感覚では到底理解できないかもしれない。ところが、暴走列車並みの前向き精神《スピリット》を持つイーロンに、ためらう気配など微塵《みじん》もなかった。

イーロンの経営者としての秀逸さの一つは、目先の問題に全力を傾けつつも、将来に向かってのエネルギー配分もできることだ。経済学者のピーター・ドラッカーは、リーダーの果たすべき役割は「直ちに必要とされているものと、遠い将来に必要とされるものを調和させていくこと」だと説いたが、その通りである。

2007年8月には、ファルコン9に載せる宇宙船ドラゴンがNASAの安全審査委員会によるフェーズ1の審査を通った。

誰かテスラのCEOをやってくれ

イーロンは身体が二つ欲しかっただろう。スペースX社では飛べないファルコン1に手こずっていたが、テスラ社では創業者のエバーハードを更迭したあと、混迷する事態を収拾すべく新しいCEOを至急に見付けなくてはいけなかった。

そこで、イーロンが暫定CEOとして白羽の矢を立てたのがマイケル・マークスだった。マークスは、委託製造企業で世界に名を馳《は》せたフレクストロニクス社を率いた人物だ。すでに予約注文を受けているロードスターをきちんと作って、お客さんの手元に届ける。そして、次のステップにテスラ社を導くことのできるCEO。その人物を見付け出すまでのつなぎ役だった。

マークスは新しいマネジメントチームを編成すると、彼らを集めてテスラ社の直面する問題点を一つずつホワイトボードに書き上げた。そして誰が何を担当し解決するかを決定していった。当たり前のことができていなかったのだ。一つの試験にどれだけの期間がかかり、製造の問題点を洗い出すのに何日を要するのか。費用がどれぐらいかかってコストはいくらになるのか。テスラ社では基本がどこかに雲散霧消していた。

現場が〝正常化〟に向け躍起になっている間に、イーロンはCEOにふさわしい人物を探し当てた。ジーブ・デュローリだ。デュローリは、半導体会社のモノリシック・メモリーズを創業し、また、ハイテク業界で長年経験を積んでいた。

12月にCEOに任命されるとデュローリは荒療治を始めた。社員たちへの勤務評価を実行して、その中から辞めてもらう人物を選別した。創業時からいた幹部社員も解雇することになり、社員の10％に上る人数がリストラされた。これで、財務諸表上の固定費は改善されたが、テスラ社の〝お家騒動〟はインターネットで話題となってしまった。

社内の混乱と世間の不安を鎮めるために、デュローリCEOには援護射撃が必要だった。イーロンは「去年は、資金の回転率をコントロールしきれなかった」と取締役会の会長としての反省の弁を述べた。そして、「我々取締役会は、この状況を改善するために、幹部クラスの刷新を図る〝適切な〟決断をした」と決断の正しさを強調してみせた。

ロードスターの開発現場ではトランスミッションを新しいものに変える手はずが整っていた。だが、それでも現場が実施し、完了するには数カ月はかかる見込みであった。そして、デュローリの手腕をもってしても、蛇行するテスラ社の舵《かじ》取りが難しかったことは後に判明する。

世の中の期待が大きければ大きいほど、その反動はデカくなり、話には尾ひれが付くものだ。

テスラ社に対する市場からの心配の声をなだめるように「テスラ社の資金問題を気にする必要はない」とイーロンは楽観主義で染め抜いた旗を精一杯振った。それでも不安の波は押し寄せてきた。すると今度は、「たとえもし、すべての投資家が見捨てても、私がテスラ社を支える」と堂々と言い切った。これには世界中が驚いた。

ここまで断言できる経営者が世の中にどれだけいるだろうか。アメリカの自動車業界を向こうに回して、決して諦めないイーロンの姿勢は、神がかり的でさえあった。

テスラ倒産!?

2008年、アメリカはサブプライムローン(信用力の低い個人向け住宅投資)問題がリーマンショックを誘発し、不況は手の付けられない状況に陥っていた。

テスラ・ロードスターは、ハリウッドスターたちの購買意欲をかき立て1200台もの予約注文が入っていた。映画の予告編が良かったので本編を見に行ったら、ガッカリしたという苦い経験を持つ人はたくさんいるだろう。ロードスターは〝予告編〟はバッチリだった。

しかし、出荷予定日の2007年秋には出荷できず、2008年の2月になってやっと1台目が出荷できたという散々な事態だった。5千ドルから6万ドルもの予約金を支払った客たちは気が気ではなかった。世間では、「テスラ社は危ない」「倒産するんじゃないか」との憶測が真実味をまとって飛び交った。

この年の2月にイーロンは五回目の投資ラウンドを行っていた。そして、何とか4千万ドル(約40億円)を集めてイーロンの神通力がまだ通じることを証明していた。だが、実態は綱渡りだったのだ。「GMやクライスラーが倒産への坂道を転げ落ちている時期に、新規の電気自動車メーカーが資金を集めるのは至難の業だった」とイーロンはのちに苦しい胸の内を吐露している。

アメリカ国内がリーマンショックの信用不安に揺れる中、もしテスラ社がつぶれたらこの予約金はどうなるのか。創業者だったエバーハードがCEOを辞めて以降、テスラ社は乱気流に巻き込まれていた。そしてスペースX社もさらに追い詰められていた。

二度あることは三度ある

スペースX社のファルコン1はロケット発射台から飛び上がる前段階で幾度も失敗し、その後、発射に成功はしたものの宇宙の所定軌道に届く前で墜落する失態もしでかしたことはすでに述べた。

それでも挫《くじ》けず、軌道へ宇宙船を到達させるための三度目の正直に挑んでいた。その間、スペースX社の技術者たちは焦燥感と戦い、ストレスに耐え、最善の手を尽くしていた。その一つが、マーリン・エンジンの改良だった。これまでファルコン1に使っていたのはマーリン・エンジン1A型だった。

そもそも、ロケットの最後尾にあるスカート状に膨らんだ排気ノズルは、燃料を燃やしてできた高温のガスが高速で噴射しロケットに大きな推力を与えるとても重要な部分である。ロケットの燃料が燃える時の温度は数千度にも達し、ノズルや燃焼室がこの超高温に耐えるよう過去のロケット開発技術者たちは知恵を絞ってきた。ドイツで史上初の弾道ミサイルV−2を生み出し、ロケットの父と呼ばれたフォン・ブラウンにしてそうだった。

イーロンたちが最初に開発したマーリン1Aでは、使い捨てタイプのアブレーション冷却方式と呼ぶ、熱を伝えにくい炭素繊維複合材をノズルに使用してきた。だが、三度目の正直となる今回のファルコン1では、これを改良し、再生冷却式を採用したマーリン1Cを搭載した。

仕組みはこうだ。マーリン1では推進剤の一部を、ノズルと燃焼室のまわりに廻《めぐ》らされた細い管の中に流すことで冷却を行う。その後、推進剤は燃料室に運ばれ、より高温での燃焼が可能になり高い推力が得られる設計になっていた。

さて、二度目の打ち上げ失敗から約1年半後の2008年8月2日、「トレイルブレイザー」などを載せたファルコン1の3号機は、南太平洋のクェゼリン島から轟音《ごうおん》とともに発射された。トレイルブレイザーは国防総省が管理する衛星である。

今回、1段目に採用したマーリン・エンジン1Cは点火開始から正常に燃焼し、順調に飛行は進んでいった。ところが……、ロケットの1段目と2段目の分離で失敗してしまった。つまり、1段目はうまく切り離しができたが、まだ1段目に燃料が残っていたため、その1段目が加速して2段目に衝突したのだった。まるで、陸上リレー競技でバトンを渡した次の走者を前走者が追い越したような情けない失敗だった。

人類史にもし、成功の法則があるとすれば、それは、「失敗で挫《くじ》けないこと」だ。挫折し座り込んでいては、いつまでたっても成功には辿《たど》り着けない。「シリコンバレーには失敗の墓標が累々と横たわっている」と表現した人がいるが、イーロンが墓場に入るにはまだ早すぎた。

「新型マーリン・エンジン1Cを搭載した1段目のパフォーマンスは素晴らしかった」とイーロンは自ら評価し、「2段目の切り離し、ロケットエンジンの点火にも成功した」と自画自賛した。そう、自画自賛しないと誰もスペースX社を褒めてはくれなかった。さらに、「フェアリングの切り離しも正常だった」と得点を稼いだ。ちなみに、フェアリングとは、ロケットの最先端にあって、宇宙に運ぶ衛星などを格納する〝殻〟の部分で、大気中を飛行する時の振動や摩擦熱などから守る役割を担っている。

それにつけても、ロケットを打ち上げることが大変だとは初めからわかっていたが、これほどまでに大変だとは。茨《いばら》の道の方がましだとさえ、この時のイーロンには思えたに違いない。

妻との出会い、そして

ファルコン1が三度目の打ち上げにも失敗したこの頃、イーロンは人生で一番厳しい状況に立たされていた。テスラ・モーターズはロードスターが出荷できず混乱し、スペースX社のロケット・ファルコン1は失敗が続く。そんな状況のイーロンが、家族と過ごす時間は極めて少なくなってしまい、妻ジャスティンとの関係は悪化し、危機は家庭内にも渦を巻いていた。

イーロンが、のちに妻となるジャスティン・ウイルソンと出会ったのは19歳の時、クイーンズ大学在学中だった。カナダ東海岸のオンタリオ州で生まれたジャスティンは、イーロンより1歳年下で小説家志望の学生だった。

ある日のこと、イーロンは、クイーンズ大学の学生寮の階段を上がってきたジャスティンに意を決して声をかけた。それが2人の物語の始まりであった。

「アイスクリームを食べに行かない？」と誘ったが、ジャスティンにはスペイン語の勉強が待ち受けていて相手にされなかった。ところで、ジャスティンはどんな男性が好みだったのだろう？

「自分の住んでる女子寮の窓の下にオートバイを止めて、薄明かりのもと私の名前を呼んでくれるダークブラウンのレザージャケットを着た男性、つまりロミオ的なタイプが好き」だという鉄壁のロマンチストだ。

だが、イーロンは……、違っていた。身だしなみが良く、科学者タイプだった。ジャスティンの眼鏡にかなわなかったイーロンだが、諦めたのではなかった。アイスクリームには付き合ってくれなくても、しばらくして、スペイン語のテキストを読みふけっていたジャスティンに近づき、イーロンはわざとらしい咳《せき》払いをした。顔を上げたジャスティンにぎこちなく笑いかけ、手に持っていたアイスクリームを差し出したのだ。もっとも、アイスクリームは溶けかけていたが。

ジャスティンは後にイーロンをこう評していた。「ノーという返事は受け取らない人」。イーロンは自分が信じたことをやり遂げる人物だ。恋愛だけでなく、仕事においてもだが、その時のジャスティンはまだイーロンの本当の可能性を見抜いてはいなかった。

小説家になりたいと思っていたジャスティンは、ある日、本屋に行くと本棚を指差してこう言ったことがある。「いつの日か、私の書いた本がここに並ぶの」。一緒にいたジャスティンの女友達は笑って背を向けただけだった。

ところが、イーロンは、ジャスティンの強い意志に心惹《ひ》かれたのだ。一方、彼女の方はただびっくりした。それまでジャスティンのボーイフレンドたちは、彼女の強すぎる競争心に文句ばかり言っていた。「私の長い髪や細いウェストではなく、私の強い野心に感動する男性がいるなんて」と新鮮な驚きが彼女の心を打った。イーロンは、「君の中に僕自身を見た気がする」とジャスティンに言ったことがあった。2人は似た性格を持っていた。

そして2人は2000年に結婚する。eBayがペイパル社を買った2002年、2人はロサンゼルスに移り住み、最初の子供をもうけた。しかし、残念なことにわずか10カ月でこの子はこの世を去った。乳幼児突然死症候群だった。衝撃は2人を襲ったが、とりわけジャスティンには長い間にわたる精神的なダメージとなった。

仕事か、家庭か

それでも、ジャスティンは母親になる次のチャンスを手にした。しかも、双子の男の子が無事に誕生した。そしてしばらくすると、次の妊娠が判明する。今度は三つ子で、全員が元気な男の子だった。5人の息子たちの母親となったジャスティンは、作家としてこの間に三つの小説を出版していた。

夫は億万長者で、世間の誰もが羨む夢のような特権階級の生活をジャスティンは手に入れていたかに思えたが、世間の目には見えない部分で亀裂が入り始めていた。

イーロンの肩には、数百人の社員とその家族の運命がのしかかり、対処すべき問題は山積していた。イーロンは仕事に取りつかれ、自宅に帰ってきてもジャスティンから見れば彼の心はそこにはなく、どこか別の場所をうろついているようだった。慈愛に溢《あふ》れ心休まる会話を求めていたジャスティンは、いつも満たされず、2人の亀裂は修復不能な大きさとなった。

テスラ社はロードスターの出荷が遅れ、スペースX社のロケット、ファルコン1は打ち上げに失敗が続き、妻ジャスティンとの関係は最悪の状態に。三つすべてを求めていたら、三つすべてが台無しになる。

並み外れた強靭な精神力を有するイーロンでも、ここで混乱のテスラ・モーターズを手放すとか、スペースX社の無謀な挑戦を諦めるとかしても不思議ではなかった。そして、家庭の修復に時間を割けば、良き夫の座へ復権するのも不可能ではないと普通の人なら考える。だが、イーロンはテスラ社の挑戦もスペースX社の冒険も諦めなかった。そして、離婚を決断することとなる。

銀行にキャッシュがない

テスラ社では2008年の9月になっても、出荷できたロードスターの台数はたったの27台だった。挙げ句に10月には、「テスラ社は銀行に900万ドル（約9億円）しかキャッシュがない」との情報がメディアに暴露された。10万ドル以上する高級車を作っている会社にこの金額では話にならない。「テスラ社はもはやこれまでか」と思われた。

ところがここでもイーロンは「ロードスターの出荷も予約金も、私が保証する」と、歌舞伎十八番と見まごうばかりの大見得《おおみえ》を切った。この時、イーロンはすでにテスラ社のCEOに就任していたが、それにしても、会社の負債を社長個人が引き受けるなどアメリカではあり得ない話だ。GMが倒産した時、CEOだったリチャード・ワゴナーが負債をかぶったなんて話は聞いたことがない。ところが、イーロンは型破りだった。

絶対に諦めない男

失敗に挫けず、挑み続けるイーロンに対して、これまでそっぽを向いていた天空の女神はやっと祝福をもたらす気になったようだ。

スペースX社の技術者たちは険しい坂道を汗だくで登り続け、多岐にわたる高度で複雑な問題を一つずつ地道に解決しては最善の対策を打っていった。そして2008年9月28日、燃料を満タンにしたファルコン1は、南太平洋のオメレク島にあるロナルド・レーガン弾道ミサイル防衛試験場の発射台に雄姿を現した。

午前11時15分、ついにその時が来た。ファルコン1は轟音とともに打ち上げられ、グイグイと真っ青な上空をかけ上がっていった。打ち上げから約2分40秒後に1段目を問題なく切り離し、約3分12秒後にフェアリングを分離した。そして、打ち上げから約10分後に、予定していた軌道にようやく達した。

「今日は人生最良の日だ！」と言ったイーロンの言葉には重みがあった。

6年前に創業したベンチャー企業は宇宙ロケットの打ち上げに、やっと、やっと成功した。

「みんな大喜びで興奮している。我々がやってきたことの正しさが証明されたんだ」と喜びを爆発させた。

これまでに費やした開発コストや実験費用、そして3度の打ち上げ失敗の総額は何と1億ドル（約100億円）。イーロンはスペースX社の社員たちにこう言った。「みんな、おめでとう！　この偉業はみんなの懸命の努力のおかげだよ」と心からの感謝を伝えた。三度で挫けてはいけない。イーロンは最後にお茶目なセリフを吐いた。

「ことわざにもあるだろう。四度目の正直だって」。

そして、イーロンは最悪の2008年を脱しようとしていた。年が明け2009年になると、4月にはロードスター320台を出荷できていた。

3章

前進

――未来を見る

ロードスターの衝撃

イーロンたちが悪戦苦闘の末に作り上げた高級電気自動車ロードスターとは一体どんな車なのか。

二人乗りオープンカーで、流れるような流線型スタイルと道路に吸い付くような低いボディポジションが印象的な、何といってもカッコいいスポーツカーだ。デザインにこだわるイーロンが自信を持って送り出しただけのことはあった。

ロードスターは、当たり前だが「100％オール電化」で、後部に回って見ると排気マフラーの不格好な姿などどこにもない。値段はアメリカで10万9千ドル（約1千万円）もしたが、予約販売を開始するや、セレブリティたちが購入に名乗りを上げ、マスコミを賑《にぎ》わせた。

イーロンが目指したのは、持つことを切望し、持っている人に憧れ、持てば自慢したくなるEVカー（電気自動車）だった。ロードスターはまさにその通りのでき栄えだった。

「我々のEVはエコカーではなく、プレミアカーだ」とイーロンは世間にアピールした。

全長3946㎜、全幅1851㎜、全高1126㎜で、動力モーターは空冷式の三相交流四極誘導モーターを採用し車体中央に配置、リアドライブ設計となっている。最大出力21

5kW（288ps）、最大トルクは370N・mと、4000ccのガソリン車に匹敵する高性能なスペックを実現した。

ロードスターで使う三相交流四極誘導モーターは小型・軽量が要求されるため、航空機用アルミ合金を用いて優れた強度重量比を実現し、ベアリングにはセラミック製を使い、高速回転での耐摩耗性、耐久性の向上を図った。この電気モーターのステーター（固定子）に流れる最大900Aの高電流に対応するため、従来モーターより巻線に銅をより多く使い、テスラ独自の巻きパターンで仕上げ、パワーと効率を高めている。さらに、一般的にアルミが使われるローター部には、

テスラ社の高級電気自動車「ロードスター」

© Popular Science via Getty Images

より抵抗値が低く高電流を流せる銅を用いることで、14000rpmの高速域での効率を改良した。

テスラ・モーターズの社名は、19世紀の発明家ニコラ・テスラに由来していた。1856年オーストリアに生まれ、世界で初めて実用的な交流モーターを発明した人物だ。二相交流モーター、さらに三相交流モーターを考案し、トーマス・エジソンの「エジソン電灯社」に入社すると助手として活躍する。だが、直流を主張するエジソンに対し、交流を主張するテスラは激しく衝突し、3年後に決別してしまう。ウエスティング・ハウス社はテスラの交流電源の特許を20万ドル以上の、一説には100万ドルとも言われる破格の特許料で買い取った。現在の世界の電力配電システムには、テスラの交流が用いられていることはご存じの通りだ。

ポルシェより速い

さて、ロードスターの運転席の後方には、リチウムイオンセルを6831個も搭載したバッテリーパックとパワートレインが配置され、車体の重心は後寄りになっている。車両重量は1235kgと重いにもかかわらず、最高時速は201km／h。0-97km／hが3・7秒、

0―400mは12・6秒と驚異的な速さを誇る。

こうなると、新型ポルシェ「911カレラS」とテスラ・ロードスターのどっちが速いかと騒ぎ出す連中も出てきた。ポルシェ911は水平対向6気筒ガソリンエンジンを積み排気量は3800cc、最大出力は385psと強力だ。しかも、この最大出力はテスラ・ロードスターより約100psも大きい。

すると、自動車メディア「SPEED」がロードスター対ポルシェの夢の対決を実施して、その動画をネットに掲載しファンを興奮させた。0―400mの結果は、ロードスターのぶっちぎり勝利だった。アクセルを踏み込んだ瞬間から最大トルクを発揮できるロードスターのスタートダッシュの素晴らしさをまざまざと見せ付けた。

しかも、1回の充電での走行距離は394㎞とEV界の常識を打ち破る長さである。東名高速道路で東京インターチェンジから名古屋インターチェンジまでの約330㎞を走破できる計算だ。

イーロンがロードスター開発で特にこだわった部分は、0―97㎞/hの抜群の速さと、EVカーとしては破格の長距離走破力だ。10万ドルという、一般人には手が届かない高価格に見合った性能はここにあると信じて、失敗と挫折の泥沼を歩み続けたのだ。

ところで、ロードスターの車両重量が１２３５kgと重いのはバッテリーパックに要因があった。ロードスターのバッテリーはノートPCなどに使用されている１８６５０規格のリチウムイオン電池を６８３１個も搭載しているからだ。専用の大型バッテリーをわざわざ開発するのでなく、大量に生産されている汎用《はんよう》バッテリーを採用するテスラ社の設計思想は、他社と大きく違い、異端と思われた。たとえば、三菱自動車のＭｉＥＶ（ミーブ）や日産自動車のリーフなどが専用の大型バッテリー開発を行っているのと対照的だ。

汎用バッテリーを大量に使って電気自動車を動かすテスラ社の設計思想については、多くの専門家から当初、反対の声が多くあったにもかかわらず、イーロンたちはうまくいくと信じて挑戦した。あれこれ考えるばかりで、一歩を踏み出すことを恐れていては、二酸化炭素（CO_2）は増え続け自然環境の破壊が進み、地球は救えない。

イーロンは、「テスラ社の役割は、暗闇の中を照らす光のようなものなんだ。その結果、電気自動車の導入が5年から10年早くなってくれる」とパイオニア精神を語っていた。

電気自動車を少しでも早く普及させ排出ガスを減らせれば、「それは、我々人類が生き延びる上で重要な時間となるんだ」と言う。つい忘れそうになるが、電気自動車を作ることはイーロンにとって目的でなく手段なのだ。

日本のお家芸「電池」

性能の高い電池なくしてはロードスターの快速は実現しない。そして、電池技術の発展には多くの日本人が関わっていた。

そもそも電池は、イタリアの科学者アレッサンドロ・ボルタが1800年に考案した「ボルタ電池」を源流に発展した。その後、1868年にはフランス人のジョルジュ・ルクランシェが「ルクランシェ電池」を発明した。伝導性の高い塩化アンモニウム水溶液を電解液として使い、その中に正極として二酸化マンガンと炭素の混合物を多孔質の容器に包んだものを入れ、負極として亜鉛の棒を入れて電池とした。だが、ルクランシェ電池は液体を使っているため取り扱いがデリケートで、電解液が液漏れを起こしやすかった。何より、寒冷地では液体が凍って使い物にならない問題点を有していた。

この問題を解決したのが、日本の屋《や》井《い》先蔵《せんぞう》だった。越後長岡藩の藩士の息子だったが、貧しい生活を生き抜きながら〝乾電池〟を世に先駆けて生み出した市井の発明家だ。

ルクランシェ電池のような液体型の電池に対し、乾いた——ドライな——電池という意味で「乾電池」と屋井先蔵は命名したのである。ところが、屋井は極めて貧乏だったため特許出願をする資金がなく、〝世界初〟の称号を手にすることはできなかった。しかし、乾電池産業は日本で大きく花開いていく。屋井先蔵の後を継いだのは、松下電器産業（現パナソニック）の創業者・松下幸之助《まつしたこうのすけ》と言っていいだろう。同社は生産開始から約80年の間に、累計で1500億個以上を作り出した。また、乾電池の世界市場に目を転じると、現在は年間で400億個以上も使われている。

そして、ロードスターなどの電気自動車や携帯電話で使う「二次電池」―充電して使う電池―を考案したのはフランスのガストン・プランテで、1859年のことだった。日本では1897年（明治30年）に島津製作所の二代目島津源蔵《しまづげんぞう》が蓄電池を作り上げている。

その後、1960年代になると日本企業が先駆者となって二次電池の歴史をどんどん作っていく。三洋電機や松下電器産業（ともに、現パナソニック）などがニカド電池の量産を行い、ニッケル水素電池へと進化を遂げた。1990年代になるとニッケル水素電池を超えるリチウムイオン電池が登場し、ノートPCなどのモバイル機器に数多く使われるようになったが、そこには旭化成やソニーの日本人技術者たちの努力と英知が詰め込まれていた。

現在のリチウムイオン電池の一般的な製造方法は、コバルト酸リチウムなどを主活物質として、極めて薄い金属箔の正極に塗布し、炭素などを薄い金属箔に塗り負極としている。正極と負極の間に絶縁体のセパレーターを挟み込んで、3枚を所定の寸法精度の中に正確に巻き取っていく。それをケースに挿入して電解液を注入したのち、外装組み立てをして完成となる。電解液の中をリチウムイオンが移動することで、充電と放電が行われるのがリチウムイオン電池の原理だ。

リチウムイオン電池は、ニッケル水素電池よりも高いエネルギー密度を持ち自己放電による容量低下も極めて少ない。

さらに、カドミウム電池やニッケル水素電池では、完全に電池残量を使い切ってない状態で充電を繰り返す、いわゆる継ぎ足し充電を行うと起電力の低下が起こる「メモリー効果」が生じてしまう。しかし、メモリー効果はリチウムイオン電池では起きにくく、継ぎ足し充電をする電気自動車に適し

リチウムイオン電池の構造

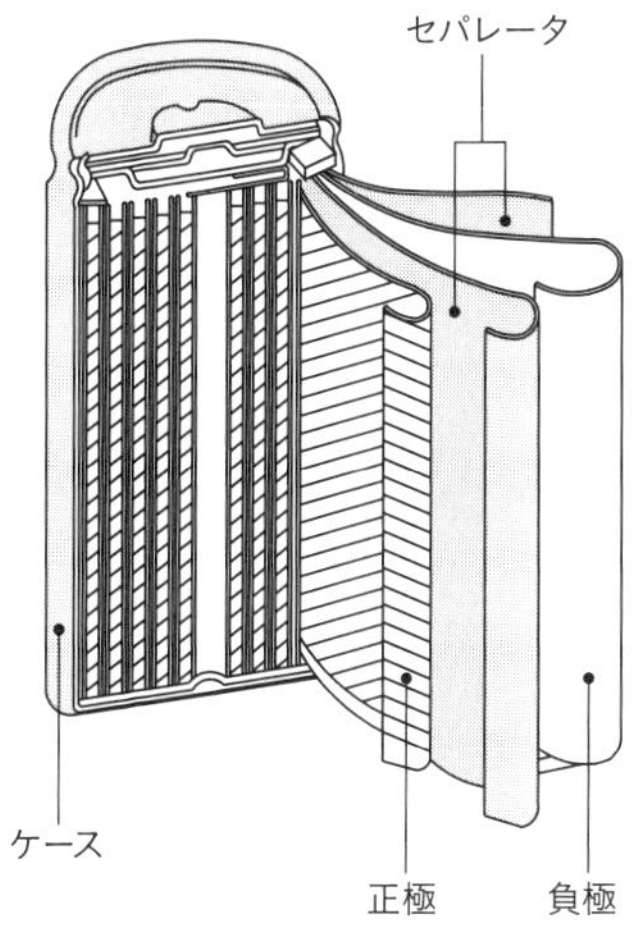

ている。

その一方で、リチウムイオン電池にも弱点はあり、過充電や過放電などに弱かった。そこでテスラ社の技術者は知恵を絞って、保護回路など設計上の様々な工夫を盛り込んでロードスターを作り上げていった。

効率はガソリン車の2倍

アメリカでは、電力の多くが石炭や石油など化石燃料を燃やすことで作られている。その電気を使うのだから、「電気自動車は、結局、エネルギー問題の解決にならないのでは?」と疑問を持つ人はいる。

その疑問に対しイーロンは、「化石燃料を発電所で燃やして発電し電気自動車に充電するとしても、電気自動車の方が効率がいいんです」とインタビューで答えている。

たとえば、化石燃料を燃やして火力発電をした場合、その効率は約60%だ。ところが、この化石燃料、つまりガソリンを燃料としてガソリン自動車で使うと、効率は25~30%程度でしかない。しかも、市街地などを走っていると最大出力の1割以下しかパワーを必要とせず、効率は15%程度にまで下がる。つまり、ガソリン車は8割程度を熱損失として外部に捨てている乗り物だ。詳しく見ると、排気損失が一番大きく、次に冷却による損失、そして機械損失だ。ガソリン車はエネルギーを無駄に垂れ流していると表現されてもおかしくない。

だが、驚くには及ばない。似たようなことは我々の身近でほかにもある。たとえば、白熱電球は、その8割以上が熱や赤外線に浪費され、可視光線として使われるのは1割程度だ。いかに効率良くエネルギーを使うかが、21世紀を生きる私たちに課せられている責任なのだろう。

さて、電気自動車に話を戻そう。電気自動車の方も、発電所から電気自動車に充電されるまでに送電ロスは生じるし、充電時にロスも発生する。だが、それらは5〜10%程度でしかない。電気自動車そのものは効率が極めて高い。モーターは電磁作用で動くので熱力学の制約はなく、定格負荷時での効率は約95%だ。細かく見ればインバーターの回路損失などが発生するが微々たるものだ。

イーロンは、「結果として、送電ロスといったことを考慮しても、化石燃料を発電所で燃やして電気自動車を充電する方が2倍効率良く使える」と強調し、人々の誤った固定観念を変える努力を続けている。

破格量のバッテリー搭載

テスラ・ロードスターに積み込むリチウムイオン電池のバッテリーパックの構造はどうなっているのだろう。

まず、単三乾電池を一まわり大きくしたぐらいの直径18㎜、長さ65㎜（この数字から18650規格と命名されている）の円筒形バッテリーセルを69個並列に接続し、一つの「ブリック」（長方形の固まり）を作る。さらに、このブリックを直列に接続して「シート」にし、そしてそのシート11枚を接続してバッテリーパックを構成する。

こうしてつながった6831個のリチウムイオン電池パックは、万が一その中の1個、2個の電池セルが異常をきたしても、全体に影響を及ぼさない制御システム設計が施してある。また、バッテリーは使用中には発熱するし、逆に低温では電気特性が低下しやすくなる性質を持つので、各セルごとに水冷できめ細かい温度管理を実現している。四角柱形状ではなく、円筒形を選んだのは、より効果を上げるためだった。

バッテリーの総重量は約450kgで56kWhの電力量を生み出す。ノートPC向けのバッテリーを使う理由は、すでに大量に量産され供給体制も十分整っているため、価格が非常に安く、そして品質が安定しているからだ。

テスラ社のコア技術は、このように一般的で安価なバッテリーセルを大量に集約して、強力で安定した一つの大容量バッテリーパックとして作り上げる技術にある。もちろん、衝突事故などが起きた時には電気ルートを自動的に遮断するシステムも組み込まれている。

「重要な部分はアウトソースしないで、社内で取り組む」とイーロンは常々言っている。6千個を超えるリチウム電池をいかにバラツキなく使いながら、急にアクセルを踏んだ時、一気にどう立ち上げるかといった〝走り心地〟に細心の注意を払い、バッテリーと三相交流電気モーターの力を最大限マッチさせる。EVカーとしての勘どころを明確に捉《とら》え、最大の差別化を達成しようとテスラ社のエンジニアたちは心血を注いだ。

ジェットコースターのような乗り心地

ロードスターに乗り込むとガソリン車との違いがすぐわかる。イグニッションキーを回しアクセルをふかせばエンジン音が鳴り響く――こんな〝儀式〟はもう昔の話だ。

ロードスターのシートに座り、まずキーをオンすると「準備OK」のチャイムが鳴る。センターコンソールに目をやると、これまであったはずのシフトレバーがない。代わりにあるのは大きな操作ボタンだ。

「D」ボタンを押し、表示がオレンジからグリーンに変わると、あとはアクセルを踏み込むだけだ。発進や低速からの立ち上がりの速さと音の静かさに驚かされる。単速ギアでアクセルを踏めば踏むだけ矢のような速さで加速していく。それは、ジェットコースターに乗ったようなスタートダッシュだ。

約450kgのバッテリーは運転席後部で車体の一番低い位置に配置してあり、重量配分は42対58と後寄りになっている。一般的に、後部に重心のある車では、高速でカーブに入ると遠心力で後部が外に振られてしまうことがあるし、車重が重

ロードスターのセンターコンソールにある「コントロールパネル」
© Bloomberg via Getty Images

いとなおさらだ。

しかし、テスラ・ロードスターでは通常の運転速度で一般道のカーブに入って車体がふらつくといったことはまずない。レーシングカーを作り慣れたロータス社の技術ノウハウを最大限生かして安定走行性を実現している。イーロンは、「乗っていると、その反応の良さに驚いてしまう。車に溶け込んで一体になった感じがするんだ。ターンや加速が、まるで超能力でも使ったように瞬時にできるんだ」とオモチャを自慢する子供のように目を輝かせ語った。

鳥のさえずりが聞こえる

子供の頃から本の虫でSF小説などを読みふけったイーロン・マスクは、大学生になると「未来の世界や、人類の将来に大きく影響する問題は何だろう」とよく考えるようになったという。そして、「持続可能な輸送手段と、持続可能なエネルギーを作り出すこと、これが非常に重要だ」という結論に辿《たど》り着いた。「将来、地上の輸送手段はすべて電気になる」と彼は未来図を頭の中に描いた。そして、テスラ社で電気自動車事業を推し進め、ロードスターを送り出した。

テスラ・ロードスターのハンドルの向こうには2連メーターが配置され、向かって左がスピード表示で、右は電気の瞬間使用量・回収量が示される。これこそ、電気で動いていることの象徴だ。

ところで、スピード表示の内側にはモーター回転数が示されるようになっている。ロードスターは単速ギアなので、モーターの回転数イコール速度となる。この点は、ガソリンエンジンと本質的に異なる。

ここで、ガソリンエンジンと電気モーターの違いを説明しておこう。

ガソリンエンジンでは、スパークプラグが点火してガソリンを爆発させ、ピストンの往復運動を生じさせる。この往復運動をメカ構造によって回転運動に変えてシャフトを通じてタイヤの回転運動として車を走らせる。この複雑で高度な動きを高温高圧力下で円滑に行わせるために数多くの部品と高い寸法精度が要求される。

また、ガソリンエンジンは回転数が数千回転に達しないと最大トルクを得られない性質を持っている。しかも、最大トルクを発揮している回転数範囲は狭いので、多段のトランスミッションが必要となる。

一方、電気自動車では、電気モーターは回転開始からトルクを発生させることができるので、アクセルを踏んだ瞬間からモーターの全回転力を発揮できる。また、ガソリンエンジンでバックするためにはリバースギアが必要だが、電気モーターでは電流を逆に流せば逆回転するので、リバースギアは不要だ。

このように電気自動車は構造が至って簡単で、モーターの回転運動をそのまま回転運動としてタイヤに伝えるので振動や騒音も極めて少ない。言うまでもなく排気ガスもCO_2（二酸化炭素）はゼロだ。

もう一つ忘れてならないのが、「回生ブレーキ」だ。ガソリンエンジンでは、下り坂ではエンジンブレーキを使うことがあるが、電気モーターでは、回生ブレーキがそれに当たる。しかも、回生ブレーキが働いている時は、バッテリーに電気が充電される。

テスラ・ロードスターは、このような電気自動車が本来持つ利点を比類ないほど強力にバージョンアップし、一方で、弱点だった航続距離の短かさを克服し、新たなEVカー像を作り出すことに成功した。

テスラ・ロードスターに乗って森の中を走ると、鳥のさえずりが聞こえてくる。ガソリン車では騒音が邪魔して、決して味わえない新鮮な体験だ。イーロンが想定していた開発期間の二倍もロードスターはかかったが、それだけの完成度に仕上がっていた。

もし、ホンダの創業者・本田宗一郎《ほんだそういちろう》が存命だったら、このロードスターを見て何と言っただろうか？　若き日、全日本自動車スピードレースに自作の車を自ら運転し、時速１２０㎞でぶっ飛ばしゴール直前で事故って重傷を負った暴れん坊。速く走る車をこの上もなく愛した本田宗一郎なら、ホンダの技術者たちに、もっと速く走る電気自動車を作れ！と怒鳴っているかもしれない。

今のホンダは、ハイブリッドだけでなく燃料電池車やクリーンディーゼルエンジンも手掛け全方位戦略のように見受けられる。ホンダの戦略が正しいかどうかの判断は歴史が下すだろうが、あれもこれもと手を出して勝利した企業はほとんどないことも歴史が示している。ともかく、テスラ・ロードスターに追いつくEVカーを他社が作ろうとすると大変な努力が必要だろう。

暗黒の2008年を越えて

暗黒の２００８年を脱したイーロンにはフォローの風が吹き始めていた。

２００９年の5月になると、テスラ・モーターズは独ダイムラー社から50億ドル（約5千億円）の出資を呼び込むことに成功した。資金難で喘《あえ》いでいたテスラ社にとってひと息つく援助だったことは間違いない。ところで、ダイムラー社はなぜベンチャー企業のテスラ社に出資したのだろう。その理由を問われると「テスラ社は、一世代を吹っ飛ばして電気自動車に我々を参入させてくれる力がある」とダイムラー社のヘルベルト・コーラーは端的な答えを返した。テスラ社は、ロードスターをポルシェより速く走らせただけでなく、電気自動車の世界そのものも劇的に加速していたようだ。

さらに、アメリカ政府の支援もイーロンは手に入れる。6月にエネルギー省の低金利融資で4億6500万ドル（約465億円）を借り入れることが正式決定した。もともと、アメリカ政府はブッシュ政権時代に、電気自動車、プラグインハイブリッド車の国内製造拠点を後押しする目的で低利子融資を行っていた。

オバマ政権になってもこれを拡大し、エネルギー省のATVM（先端技術車両製造）プログラムでは、総額80億ドル（約8千億円）を自動車メーカーに注入した。2009年6月の第一次実施時点で、フォード社が59億ドル（約5900億円）、また、日産自動車は14億ドル（約1400億円）の融資を受けることになった。そして、テスラ社もその中に名を連ねたのだった。だが、ここに至るにはイーロンたちによるワシントンDCでの地道なロビイスト活動が欠かせなかったことを付け加えておく必要があろう。

その後、テスラ社はトヨタ自動車から5千万ドル（約50億円）を、そして、リチウムイオン電池で高い市場シェアを誇るパナソニックから3千万ドル（約30億円）の出資を受けることになる。やはり、イーロンは最悪の星まわりを2008年で脱したようだ。

とりわけ大きかったのは、アメリカ政府からのATVMプログラムによる資金援助だった。巨額の札束だけでなく、政府のお墨付きが付いたのは強力な援護射撃となり、市場の期待は想像以上に高まった。

だが、全員がテスラ社に対し好意を持って見ていたわけではなかった。世の中には、新しいものが出てくるとすぐそれに飛びつく人がいる一方で、そんな様子を冷淡に批判する人も必ずいる。テスラ・ロードスターは新たな自動車の歴史を作ると喝采《かっさい》を送る人々に対し、「いや、ダメだね」とこき下ろすメディアも登場した。

バッテリー切れの高級車

イギリス・BBCの番組「Top《トップ》 Gear《ギア》」はイーロンとテスラ・ロードスターに牙をむいた。「Top Gear」は1977年から放送され、自動車を中心に取り上げる人気番組だ。アメリカで話題になっている電気自動車テスラ・ロードスターを取り上げた内容は、賛否両論を巻き起こした。

番組コーナーのオープニングでは、白いロードスターの車体各部がスポット照明でカッコよく照らし出され、流れる音楽も視聴者の期待感を膨らませてくれるイイ感じの曲調だ。

場面がレース場に変わると、白いロードスターと黄色のロータス・エリーゼが並んで、1対1のドラッグレースが行われようとしていた。ロードスターはロータス・エリーゼの車体をベースに開発された電気自動車で、性能比較にはもってこいだった。ロードスターを運転するのは番組キャスターのジェレミー・クラークソンで、でっぷりとした中年男性である。

さて、スタートフラッグが振られると、白のロードスターと黄色のエリーゼは同時に猛然と走り出した。すると、ロードスターは見る間にエリーゼを置き去りにしていった。予想以上の速さに、運転していたキャスター自身が驚き、ロードスターの速さを絶賛する言葉を繰り返した。

しかし、番組中盤になるとトーンが少し変わっていく。コーナリング性能の話題となり、車体が重いロードスターは高速でカーブに入ると遠心力で外に持っていかれやすくなる様子が映し出された。しかし、通常運転ではなく、カーレースのような高速で急激なコーナリングではあった。ともかく、後ろから追いかけてきた黄色のエリーゼにカーブで追い越されてしまう。

だが、直線に入ると再びロードスターがエリーゼを抜き返し、運転していたキャスターはエリーゼに対し手を振り「バーイ」と置き去りにした。直線加速の素晴らしさを「これからは、電気の時代だ！」と褒めたたえるキャスター。

ところが番組後半になると、雲行きが怪しくなる。そもそも、レース場の天気は始めからイギリスらしいどんよりとした、今にも雨の降りそうな雲のもとで行われていた。

順調に走っていたロードスターだが、スピードがみるみる下がって、ついには止まってしまう。ここでは、情けないBGMが流れ、敗北感を増幅した。

次のシーンでは、バッテリー切れで動かなくなったロードスターを4人の男たちが工場の中に押して運び込む間抜けな様子が映し出された。さらに、充電にかかる時間が長いことにキャスターは失望感を漂わせ、「ガソリンなら給油はものの2、3分で終わるが、充電は16時間かかる」と茶化し、「これじゃスコットランドまで3日かかってしまう」と、ほぼお笑いネタにされていた。挙げ句に、「電気そのものはどこから来ているのか」と電気ケーブルを辿っていくと、怪しげに冷却蒸気を空中に噴き出している原子力発電所に行き着くのだった。

さらに次の場面では、田園風景の中にある大きな風力発電機とその近くに止まったロードスター。その横に立つキャスターの姿。風力発電機の羽は全く動かない状態で、ロードスターがバッテリー切れで動かなくなったという無力感を強調する見事な〝演出〟だった。

エンディングは、走っていたロードスターのスピードが次第に落ち、画面に置き去りにされ小さくなっていく様子を、正面カメラで撮ったシーンがフェードアウトで終わった。

未来を手にする方法

物事は見る角度で全く違ってくる。〝今〟にしがみついて〝未来〟をあげつらうか、今を脱却し未来に光を見付けるか。たとえば、アップル社のスティーブ・ジョブズが生み出したマッキントッシュが世に出た時、馴染《なじみ》がないマウスを使って画面上のカーソルを動かす操作方法を、「そんなやり方では目が疲れて、使い物にならない」と酷評したメディアがあった。そのメディアの主張が正しければ、今日のパソコンは存在しなかった。

そもそも、ガソリン自動車が登場した時もそうだった。エンジンを始動するにはクランクを回す人手が必要で、ギヤチェンジは難しく、ガソリンスタンドなどほとんどなかった。当時は、馬車が輸送手段の主役であり、使いにくくて臭い排気ガスを出すガソリン自動車など、世間の多くの人たちは取り合わなかった。だが、自動車の世紀はやってきた。

いずれにしても、ＢＢＣのこの番組「Ｔｏｐ Ｇｅａｒ」がイーロンをこの上もないほど激怒させたことは明白だった。イーロンは「Ｔｏｐ Ｇｅａｒはペテン師だ」と批判し、その放送内容について「ミリ・ヴァニリのコンサートのようだ」と嘲《あざけ》った。ちなみに、ミリ・ヴァニリとは、１９９０年にグラミー賞を受賞した２人組のダンス・ユニットのことだが、後に別人が歌っていたことが暴露され、賞を剥奪《はくだつ》されるという醜態とともに消え去った。

イーロンは、嘘をでっち上げ、ロードスターとテスラ社を嘲笑《ちょうしょう》するＢＢＣの番組内容に我慢ならなかった。マスコミのでっち上げ報道に激高し、記者やレポーターに敵意をむき出して殴りかかる有名人をテレビで目にしたことはある。だが、イーロンは鬼の形相にはならないし、殴りかかりもしない。

しかし、電気自動車を世の中に普及させることを自らの使命だと考えるイーロンは、汚名返上とばかりに専用サイトまで立ち上げ、ＢＢＣの番組内容に抗議し、世論の喚起を図った。そして、英国だけでなく世界で最も信頼があるとされてきたこの放送局を相手に、英国で裁判を起こしたのだった。イーロンたちのＢＢＣとの戦いは、以降三度続くことになる。

4章

信念——宇宙への道

インターネットの外へ

イーロンがオンラインコンテンツの出版ソフト制作会社Ｚｉｐ2、インターネットの決済サービス会社「ペイパル」とシリコンバレーで功をなし名を馳《は》せたことはすでに述べた。そのペイパル社にまつわる「ペイパル・マフィア」という言葉をご存じだろうか。ペイパル社出身者の多くがその後大活躍していることを表している。

たとえば、ペイパル社共同創業者のマックス・レフチンはＳＮＳ（ソーシャル・ネットワーキング・サービス）の「スライド」を創業し、その後グーグルに1億8200万ドルで売却したし、オンライン・ソーシャルネットワーク・レビューサービスの「イェルプ」の設立にも関わった。

ピーター・ティールはペイパル社のあと、ヘッジファンド「クラリウム・キャピタル」を創業。フェイスブックに早くから出資し、創業者のマーク・ザッカーバーグを支えた。

デビッド・サックスはＳＮＳ「ヤマー」を創業し、リード・ホフマンはやはりＳＮＳの「リンクトイン」の共同創業者だ。スティーブ・チェンとチャド・ハーレーは一緒にユーチューブを作ったし、ジェレミー・ストップルマンはＳＮＳ「イェルプ」の共同創業者となった。

このようにペイパル社の卒業生はみんな世界中で輝かしい活躍をしている。そして全員が、サイバー空間を戦場としていた。

そんなペイパル・マフィアの中で、インターネットの世界を飛び出て、宇宙ロケットに電気自動車という〝リアル〟の世界で戦うことを選んだ唯一の例外がイーロン・マスクである。

ベンチャー企業がロケットを打ち上げる

2010年12月8日、イーロンの野望と夢を載せた全長約54m、ビル17階建てに相当するロケット「ファルコン9」は、フロリダ州ケープカナベラル空軍基地の発射台をすさまじい轟音《ごうおん》を発しながら輝く青空に向け飛び立った。

イーロンがインターネット界の栄光を捨てて創業した宇宙ロケットベンチャー「スペースX」は、ファルコン1で続いた失敗がウソであるかのように、ファルコン9になると順調に打ち上げが成功していった。そこにはファルコン1の失敗で得た高度な技術的知見がいくつも注ぎ込まれていた。

ファルコン9は重量が330tを超える2段式のロケットで、1段目ロケットには石油から精製されたケロシンを燃料とし、液体酸素を酸化剤としたマーリン・エンジンを9基束ねて強力な推進力を生み出していた。イーロンは突き上げる興奮とともに、これまでの数々の苦闘をよみがえらせていた。

コストを劇的に下げる取り組みで作り上げたファルコン9だが、それでも5千万ドル（50億円）はかかっていた。つまり、もし打ち上げに失敗すればたった数十秒でこの50億円がふっ飛んでしまう。こんな大きなリスクを抱えるビジネスなどインターネットの世界ではちょっと見当たらない。

スペースX社のロケット「ファルコン9」打ち上げ　© Getty Images

スペースX社設立から8年が過ぎていた。フロリダ州ケープカナベラルの真っ青な空はイーロンたちを祝福するように、ファルコン9を天空にグイグイ押し上げてくれた。ロケットを地球軌道に乗せるには秒速約8㎞の速度が必要で、これを時速に換算すると2万9千㎞もの超高速となる。約5千kNの推力で地球の引力を振り切り大気圏を超えたファルコン9は、搭載していた宇宙船「ドラゴン」を地球軌道に乗せることに見事成功した。これは民間の宇宙船として初の金字塔だった。

竜に乗って夢を追え

この宇宙船のドラゴンの名前は、アメリカのフォーク・グループ、ピーター・ポール＆マリーが歌った1960年代のヒット曲「パフ　ザ・マジックドラゴン（邦題は「パフ」）」に由来していた。この曲は、海辺に住む不老不死の魔法のドラゴン（竜）パフと、仲良しのちっちゃな子供ジャッキーとの物語だ。二人は船に乗って大海原を旅したり、いろんな冒険をして遊んでいた。だが、やがてジャッキーは大人になると、冒険の世界を卒業し魔法のドラゴンの元を去っていってしまう。人は大人になると、冒険心を忘れるものだ。

だが、子供の頃「銀河帝国の興亡」やSF小説に夢中になったイーロンは変わらなかった。

途方もない冒険心を抱いて宇宙ロケット開発の扉を開けた。

２００２年、イーロンがベンチャー企業「スペースX」を立ち上げ宇宙ロケット開発に参入した時、多くのロケット専門家や航空宇宙評論家たちは「不可能だ」と切って捨てた。しかし、イーロンの宇宙挑戦は「不可能だと言う〝大人たち〟」との戦いだった。彼は、この歌に出てくるドラゴンを宇宙船の名前に付けた。

さて、魔法を使う代わりに、ハイテクで完全装備した宇宙船ドラゴンは計算通りに地球軌道に乗ったが、イーロンはまだ安心するわけにはいかなかった。

これから宇宙船ドラゴンは地球軌道を回り、その後、軌道からの離脱噴射を正確に行って大気圏に再突入し、太平洋に無事着水する。ここまで成し遂げなければ、壮絶なる数々の苦労が水の泡になってしまう。

イーロンの願いを乗せた直径約４ｍの円錐形の宇宙船ドラゴンは、青い地球のまわりを時速２万７千㎞のすさまじい速度で回り続けた。余談だが、打ち上げ前に「宇宙船ドラゴンには、特別な貨物を搭載している」とスペースX社は思わせぶりなことを言い、詳細をシークレットにしていた。そのため、マスコミ連中は興味津々で様子を見守った。

正体不明の貨物を載せたドラゴンは、直径約１万２７００㎞、速度約１７００㎞／ｈで自転している青い地球を2周眺めてから、大気圏に再突入した。そして、1千度を超える高温に耐え抜き、太平洋上にパラシュートを広げて悠然と降りてきた。その姿を見た時、イーロンはやっと安堵した。軌道離脱の噴射から約1時間後、魔法のドラゴンは太平洋に無事着水して、ミッションが完了した。

NASA（アメリカ航空宇宙局）の責任者アラン・リンデンモイヤーは「驚くべき偉業だ。完璧な成功だ」と称賛し、イーロンは「これって、期待してた以上にスゴイだろ！」と歓喜の言葉を発した。

そして、着水後に行われた記者会見でイーロンは、宇宙船ドラゴンに搭載していたのは丸い形の〝チーズ〟だったことを白状した。チーズ？

これは、イギリス・BBCの大人気コメディ番組「空飛ぶモンティ・パイソン」に敬意を表するというユーモアで、〝チーズ〟はこの番組のあるシリーズに登場している。ちなみに、「空飛ぶモンティ・パイソン」は、1969年に放送が始まり、宗教や性差別など社会問題を風刺した衝撃的な内容で世の中を揺さぶった番組だ。その中の「チーズショップ」という、チーズ店の店主とお客のナンセンスなやりとりがされる人気シリーズに引っ掛けたものだった。スペースX社は、お堅いNASAとは違って、シリコンバレー的ベンチャー企業なのだ。

肩肘張った宇宙開発の世界にも、ベンチャー流のジョークで喜びを表す時代がやってきたのだ。

ベンチャー企業スペースXのファルコン9の打ち上げ成功と宇宙船ドラゴンの地球帰還という、民間企業として史上初の快挙を遂げたニュースは、すぐさま世界中を駆け巡った。イーロンは新しい宇宙開発の歴史を作り出した。

米ソ冷戦とロケット競争

スペースX社が民間企業として初めて地球軌道を周回し、地球に帰還する快挙を成し遂げることができた背景には、NASAの決断があった。

アポロ計画に代表されるようにアメリカは宇宙開発で世界をリードしてきた。

もっとも、アポロ計画以前は、旧ソ連に大きくリードされていた事実も忘れてはいけない。

ここでアメリカの宇宙開発の歴史を振り返っておこう。

1957年10月4日、ソ連が世界初の人工衛星スプートニク1号を打ち上げた。この時、アイゼンハワー大統領はもちろん、国民は自分たちアメリカの宇宙開発技術が大きく立ち遅れている事実を知りショックを受けた。これが「スプートニク・ショック」である。

アメリカはそれまで、陸軍、海軍、空軍の各軍それぞれが好き勝手に宇宙開発を進めていた。そして、日本同様、アメリカでも、軍や役所は自らの権益を拡大したがる一方で、国家の利益という視野は狭くなる習性を持っていた。相互に連携を取ることを怠り、何にも増して国家的な理念が欠落していた。

そこで、宇宙開発の国家としての意思を統一し、ソ連との宇宙開発競争の立ち遅れを挽回しようと、1958年7月にNASAが設立された。そしてNACA（国家航空宇宙諮問委員会）傘下の数千人の人員やラングレー研究所やカリフォルニア工科大学のジェット推進研究所などもNASAの指揮下に入った。

NASAが最初に立案したのがマーキュリー計画で、アメリカ初の有人飛行計画となる。そして1961年5月5日、アラン・シェパード飛行士がマーキュリー宇宙船で15分間の弾道飛行に成功した。ちなみに、弾道飛行とは、ロケットが大砲の弾のように弧を描いて飛んで地表に落ちるもので、地球軌道を周回するまでに至らない。高度約100km以上が〝宇宙〟となるが、マーキュリー宇宙船は最高高度187・42kmの弾道飛行を行い、射場より約500km離れた大西洋上に着水した。

「成功した」とアメリカ国民なら喜びたいところだったが、すでにその3週間前に、ソ連が宇宙飛行士ユーリ・ガガーリンを乗せたボストーク1号で大気圏を飛び出し、地球周回軌道に乗った世界初の偉業を達成していた。アメリカが15分間の弾道飛行だったのに対し、ソ連は地球1周を成功させた。この差はとてつもなく大きく、心理的に苦々しく、なによりアメリカにとって国家的な脅威であった。米ソ対立が宇宙ロケット開発の原動力だったことは歴然たる事実だった。

ケネディからブッシュへ

1961年5月25日、ジョン・F・ケネディ大統領は「10年以内に人間を月に着陸させ、安全に地球に帰還させる」と声明を発表し、世界を驚かせた。だが、キャッチボールもろくにできないチビッ子が、明日にもいきなりメジャーリーグで20勝投手になってみせると見栄を張ったような、無茶苦茶な意志声明だった。

ソ連との差が大きいことは専門家なら良くわかっていた。圧倒的な技術的遅れを挽回《ばんかい》するには、国を挙げて突っ走るしかない。NASAは227億ドルもの巨額予算を議会に報告。そして、1969年7月、アポロ11号の月着陸という偉大な成果を得る。アメリカは結局、月面に6度降り立ち、ソ連との立場を逆転した。

しかし、アポロ計画はカネがかかり過ぎた。アポロ計画に費やした費用は、現在の貨幣価値で約1350億ドル（約13兆5千億円）に上るという報告がある。アポロ計画が華々しい輝きを持った根底には、全米屈指の優秀な科学者たちと勇敢なる宇宙飛行士、そしてこの潤沢な財源があったことを見逃してはいけない。

「アポロ計画はカネがかかり過ぎた」との反省から、使い捨て型ロケットではなく、再利用できるロケットへと転換していく。それがスペースシャトルだった。

ところが、そのスペースシャトルも、当初の予想に反して打ち上げ費用に莫大なコストがかかってしまった。そしてそれ以上に、1986年のチャレンジャー号の爆発事故と2003年のコロンビア号の空中分解事故で14名の搭乗員の貴い命が犠牲となったことが、アメリカ国民の宇宙開発熱を冷ましたのは明白だった。

もともと、アメリカの宇宙開発は旧ソ連との冷戦の産物である。1991年のソ連崩壊とともに政治的目的は薄れてしまった。そして、アメリカの財政の悪化とともにNASAは予算削減の波にさらされた。NASAはスペースシャトルの退役を2010年と決定し、実際には2011年で最後のフライトを終えた。ISS（国際宇宙ステーション）への機材の運搬は、かつての〝敵国〟ロシアのロケットに頼らざるを得なくなった。

そのような流れの中、2004年1月14日、ブッシュ大統領は、月に再び宇宙飛行士を送り込み宇宙を目指す新しい宇宙開発計画「コンステレーション計画」を発表している。この計画は、オリオン宇宙船で有人宇宙飛行を実施し、その先には有人の火星探査という大目標を掲げたものだった。しかし、アポロ計画のような鮮烈な技術的革新性があるわけでもなく、計画は思うように進まなかった。

理系の頭と文系の交渉力

そして2010年2月、黒人初の大統領バラク・オバマは、コンステレーション計画の中止を決定。

「NASAは有人宇宙飛行から手を引き、民間に任せるべきだ」と発表した。アメリカは、低軌道やISSへの物資輸送に民間企業を活用することを決め、資金援助をすることにしたというわけだ。

イーロン・マスクは、2006年3月まででスペースX社に自己資金1億ドル（約100億円）を投入していた。彼が低コストで開発を進めているとはいえ、ロケット開発は地球上で一番の金食い虫だ。そこでNASAの存在がカギを握った。

NASAは2006年1月に商業軌道輸送サービス（COTS）を発表した。これは、民間企業がISSへ物資を輸送する計画であり、スペースX社はこの年の8月18日に、NASAからこの契約を首尾よく受注した。総額2億7800万ドル（約278億円）の途方もない大型契約である。

イーロン・マスクはスペースX社のCEO（最高経営責任者）であるだけでなく、CTO（最高技術責任者）でもある。よその会社では社長が、名ばかりのCTOの肩書をぶら下げることはある。しかし、イーロンは違った。実際のロケット開発で様々な技術的な決断を下している。「私は自分たちが作るロケットのあらゆることを知り尽くしている」と言い切れるだけのハードな努力をしてきた。たとえば、表面材料の熱処理温度がどのように変化し、なぜこの材料を選んだのか。そして、どんな溶接技術を使っているのか。イーロンは詳細まで理解し判断していた。

イーロンの天才的にして型破りなところは、このようにロケットの詳細開発に入り込む一方で、NASAから多額の開発補助金を引き出すという全く別次元の才能を発揮している点にある。理系の頭に、文系の交渉力を兼ね備えたCEOだ。しかも、両方とも超高度なレベルが要求された。

NASAのデッカイ金庫

さて、NASAのCOTS計画にはスペースX社だけでなく、ライバル企業もこれに参加している。例えば、ロケットプレーン・キスラー社は2億7千万ドルの大型契約を締結していた。この会社は、ロケットプレーン社がキスラー・エアロスペース社を買収して2006年に誕生した会社だった。

ところが、ロケットプレーン・キスラー社はその後の資金調達などに失敗してしまい、NASAとの契約は解除。2010年に倒産した。民間ロケット事業の難しさを象徴していた。だが、他社がどれだけよろけようと転ぼうと、イーロンは唯我独尊の道を全力でひた走った。スペースX社は2008年にはCRS（商業補給サービス）を契約。COTSが開発に関わるのに対し、CRSはISS（国際宇宙ステーション）への実際の物資運搬を行うものである。スペースX社は12回の打ち上げで総額16億ドル（約1600億円）に上る巨額の契約内容を勝ち取った。

なお、CRSにはライバル企業のオービタル・サイエンシズ社も参加しており、こちらは8回の打ち上げで19億ドル（約1900億円）の契約だ。オービタル・サイエンシズ社は1

982年に設立され、米軍のミサイル防衛システムなども手掛ける企業である。大陸間弾道ミサイルを転用した固体燃料ロケット「ミノタウロス」の製造を行い、NASAのコンステレーション計画にも参画していた。オービタル・サイエンシズ社の会長兼CEOのデビッド・トンプソンはNASAに勤務したのち、軍需企業のヒューズ・エアクラフト社でミサイルシステム事業に携わった人物で、NASAやアメリカ軍と非常に強い結び付きを持っている。

さて、イーロン・マスク率いるスペースX社だが、2012年にはさらに、ISSなどに人員を輸送する計画―商業有人宇宙輸送開発(CCiCap)をNASAから受注することに成功した。これは、4億4千万ドル(約440億円)の巨額予算が付いていた。

スペースX社が金食い虫のロケット開発を進められるのは、イーロンがこのようにNASAから莫大な資金を引き寄せてくることができるからだった。それにしても、南アフリカからの移民であり、アメリカ政府やNASAに何のコネもないイーロン・マスクが、ここまでやれるとは。そこには、イーロンの飛び抜けた交渉術に加えて、アメリカの懐の深さを感じずにはいられない。日本のJAXA(宇宙航空研究開発機構)には優秀な科学者と技術者がいるが、いかんせん、金が不足している。そして、科学者たちの絶対数もだ。

スペースX社は、技術者たち社員数も急速に増やしてきている。2005年の11月で社員数は160名だったが、2008年7月では500名と急増。2010年には1100名を超え、2013年時点で3千名を突破した。

コスト意識がない業界

ロケット開発でこれまで気付かれなかった暗部を、新参者のイーロンたちはいみじくもあぶり出してしまった。

技術革新に消極的である問題と同等か、それ以上に深刻なことは、ロケット開発は巨額プロジェクトなのに、ロッキード社など宇宙ロケットメーカーはもとより、NASAも国防総省も、実はコスト意識がまったく欠如していた事実があった。

国防総省は10億ドル（約1千億円）かかろうが気にしなかった。彼らが気にしたのは「ちゃんと飛ぶ」という一点だった。アポロ計画の時代ならまだしも、未だにそのマインドは変わらなかった。

たとえば、ボーイング社など宇宙ロケットメーカーとアメリカ政府の契約において、支払いには実費精算方式が採用されていたことは象徴的だ。これは、開発にかかった費用は政府がきっちり払ってくれるという〃おいしい〃ビジネスに他ならない。何だか、東京電力など日本の電力会社が使っている〃総括原価方式〃とダブってしまう。日本の電力会社は、かかったコストをあれこれ足し合わせ、利益をドンとその上に乗せて「電気料金だ」と国民に請求書を送り付けてくる。

日本の電力会社の総括原価方式でも、NASAの実費精算方式でも、コスト削減のインセンティブがまったく働かないことでは共通している。それどころか、できるだけコストを上げる細工やつじつま合わせが、至るところで横行していた。

ロケット開発について、イーロンは面白いたとえを語ってくれた。「もし君がボーイングやロッキードの幹部会議で、(ロケットの)アトラスやデルタの画期的なコスト削減方法を思い付いたとしよう。でも、それを会議の席で提案しようものなら、君は間違いなくクビだね」。

巨大な航空宇宙企業のエリート経営幹部は、会社に利益をもたらし株価を上げなくては、株主に顔向けできない。ロケットコストを少しでも高くすることが経営幹部の重要なインセンティブになっていた。

官僚的な巨大宇宙企業たち

ロケット業界での官僚主義的やり方は入札段階でも横行していた。国防総省は「長期契約」を好み、「一社独占」を推し進めた。これも日本の公共事業と同様だ。

さて、イーロンたちスペースX社は、アメリカ空軍の入札に何度も挑戦し続けてきた。スペースX社なら、少なくとも年間10億ドル（1千億円）は税金を節約できると確信していたが、入札結果はダメだった。ボーイング社とロッキード社の合弁企業ユナイテッド・ローンチ・アライアンス社が、空軍の衛星発射契約を落札し、イーロンたちを落胆させた。

ロケット業界には、企業の構造的な問題も複雑に根を張っていた。巨大な航空宇宙企業は何でもアウトソース（外注化）している。その上、下請企業は、孫請にアウトソースし、階層は四つにも五つにも膨らんでいるのだ。

しかも、当然のように各階層でそれぞれの企業は利益を乗せて商売をしている。実費精算方式だから成り立つ算法だ。アウトソースの階層が増えれば、オーバーヘッド（間接費）も増えていった。

イーロンはこの馬鹿げた官僚主義的な弊害を強く批判したが、それに対し「以前よりは、政府の仕事に関してコスト意識は芽生えている」と反論したがる業界関係者もいた。しかし、実際にはコスト削減の努力は極めて限定的で、ロケットの製造や打ち上げにおけるオーバヘッドが高止まりしているのは紛れもない事実だった。

インターネットから飛び出そう

イーロンたちはファルコン1の打ち上げ価格を670万ドル（約6億7千万円）と発表し、世界中を仰天させた。これは従来のロケットより劇的に安かった。それ以上に、価格を公表することなどこれまであり得ず、ロケット業界で掟《おきて》破りの所業だった。

でも、商品価格を表示することは近所のスーパーマーケットでもインターネットの世界でも当たり前のことだろう。ネットの世界と違うことが宇宙ロケット業界では数多くあった。しかし、優秀な人材がいる点に関しては宇宙ロケット業界もインターネット界も共通していたことは確かだ。

にもかかわらず、世間では、優秀な人物はインターネットの世界に引き付けられ、そこで成功を手にするという〝暗黙の法則〟がいつしかでき上がっていた。暗黙の法則などに誤《ご》魔化《まか》されてはいけない。

イーロンはインターネットでの成功についてこう語っていた。「ほんのちょっとした便利さを多くの人に提供したり、それを何らかの方法で一まとめに合計して大きな価値を生み出したり、家族や友人とシェアし、生活がより豊かになる。そうして企業価値が高まるのであれば、それはそれでいいんじゃないか。悪くないよ」。インターネットの成功の有り様を過大評価することなく冷静に見ていた。

そして、イーロンは「インターネットの世界には優秀な人たちがたくさんいる。だから、ネット以外の分野を目指し、そこで才能を発揮することも素晴らしいことだよ。起業家たちの優れた才能を活用できる産業分野はいくつもあるんだ」と自らがそうしたように、インターネット以外の分野への挑戦を強く勧めている。

イーロンの挑戦は、ちょっと便利にすることでもないし、1セントの売上を10万アクセス集めて1千ドルにするそこそこの副業術でもない。人類の未来と世界を変える地球規模の大挑戦だ。だから、汗を流し寝る時間を削り、人生を賭ける価値があるのだろう。

5章

独創

―PCの電池で車を走らせる

モデルSの誕生

スペースX社のファルコン9の打ち上げ成功と歩調を合わせるように、テスラ社も快走を始めていく。しかし、テスラ社の目的は、ガソリン車に代わり、CO_2（二酸化炭素）を出さず地球環境に優しい電気自動車を世に広めることだ。EVスポーツカーのロードスターを市場に出すことはその過程であり、手段に他ならない。

まったくのゼロから100%の電気自動車を開発するのは、お金も時間も莫大にかかる。そこで、まず既存のガソリン自動車を土台にして電気モーターやバッテリーを搭載して改装し、実験や検証を進めステップアップしていくのが一般的なやり方だ。日産リーフの車体はマーチなどをベースにしていた。

テスラ社のロードスターも同様で、ロータス・エリーゼのボディをベースに、電気系統やパワートレインをテスラ社で作り、組み上げたことはすでに述べた。

それに対し、テスラ社のEVカー第二弾として登場した「モデルS」は、ボディもシャーシーもテスラ社が開発し、すべてをテスラ社が作り上げた100%メイド・イン・テスラの電気自動車だ。BMW5シリーズに対抗する4ドアの5人乗りプレミアムセダンである。

さて、ロードスターは2500台限定、つまり、量産とは言えない数量だったのに対し、モデルSでテスラ社は電気自動車を〝量産する〟メーカーになる決意を表した。イーロンはモデルSを年間で2万台生産する考えだ。

経済危機に陥ったスペインが欧州連合に対して財政支援を要請した2012年6月、モデルSが北米で販売を開始された。4ドアセダンのモデルSのサイズは、4978mm×2189mm×1435mm（全長×全幅×全高）とかなり大きく、しかも車重は2108kgと重い。重さの原因はやはりバッテリーだ。

約7千個のリチウムイオンバッテリーは、

テスラ社の高級4ドア・セダン「モデルS」

ボディフロアの下の強固なアルミシャーシーの中に約10㎝程度の厚さでガッチリ配置してある。使用しているバッテリーセルは、ロードスターよりエネルギー密度が10％アップしたものだ。重量が重いバッテリーがホイールベースの間に、しかも低く配置されている分だけ、走行安定性がモデルSは際立っている。「大きなバッテリーパックを搭載しても軽量な車にするため、ロケット設計の技術も取り入れた」とイーロンは述べていた。

車体の下からの物理的ダメージを考え、万が一の時の対策も施している。たとえば、駐車場の車止めなどに車両が乗り上げると、車体の底がぶつかることがある。そんな時でもバッテリーに決して物理的な損傷を与えないようバッテリーパックの底にはプロテクターが装着してある。また、場合に応じて自動的に電気をシャットダウンする制御設計がなされている。

バッテリータイプは60kWh型と85kWh型の二種類があり、航続距離は60kWh型が370㎞、85kWh型では480㎞と、電気自動車として抜群の距離を走破できる。東京から480㎞先というと、京都東のインターチェンジまでが約450㎞だ。

さらに、加速性能は、85kWh型のパフォーマンスモデルなら0－97㎞／hが4・2秒とポルシェ911並みの素晴らしい速さを実現し、最高時速は210㎞だ。

空気抵抗を減らせ

さて、モデルSの走行特性を高めるための基本設計コンセプトには、車体の軽量化に加えて空力性能の向上があった。特に空力特性については、ロードスター開発の時には体験していない領域だった。コンピュータでのシミュレーションや風洞実験を重ね、ついに空気抵抗値0・24を実現した。イーロンはモデルSのデザイナーに、マツダのデザインを手がけていたドイツ人フランツ・フォン・ホルツハウゼンを起用していた。

テスラ社の技術者たちはボディ形状はもちろんだが、細かな部分まで気を配っていた。たとえば、モデルSのドアの取っ手は、ドアの表面と一体化している。これは走行時の空気抵抗を少しでも小さくしようという配慮からだ。飛行機を想像するとわかりやすい。飛行機はかつて、車輪が離陸後もそのまま外に出ていたが、飛行時の空気抵抗を下げようと、離陸すると機体に引きこむ機構に変わった。

これと同じ思想がモデルSに反映されている。ドアの取っ手部分を外から軽くタッチすると、CDトレイが出るような感じで取っ手がスッと出て、ドアを開けることができる設計だ。ボディには高強度ボロン鋼で強化した軽量アルミニウムを多用し、新しく開発したパワートレインを左右の後輪の間に配置した。

モデルSの後部席に座ってみると、とても広く感じる。これは、プロペラシャフトなどのためのセンタートンネルがないためで、床はフラットで居住性が良好だ。前方のボンネットの下には150ℓの大きな荷物スペースがあり、後部のトランクスペースは後席の背もたれをたたむと1645ℓのとても広い収納空間が確保される。モデルSは、電気自動車がここまでやれるんだという可能性を感じさせてくれる車だ。

ところで、電気自動車のアイデアは昔からあった。1886年にカール・ベンツがドイツでガソリンエンジン車を発明するより前に、ハンガリーのアニオス・ジェドリックやスコットランドのロバート・アンダーソンたちによって電気自動車は誕生していた。当時、蒸気機関自動車やガソリン車と電気自動車は覇権を争っていて、ニューヨークではタクシーに導入されるなど、一歩先んじている状況だった。

しかし、その後はガソリン車が歴史の主役の座に座り、今日に至った。「電気自動車のアイデアはあったのに、なぜ誰も作らなかったのか?」という問いかけに、イーロンからは「アイデアを実行することは、アイデアを思い付くより難しいからだよ」と返事が返ってきた。

起業家の役目は、アイデアを思い付くだけでは不十分だ。アイデアを実行に移し、製品にして、お客さんに買ってもらう。そこまでできて、やっと〝事業〟となる。そして、お客さんが満足しリピーターになれば、その事業は一人前と呼ばれ、成功ビジネスへと成長する。「難しいから」を理由にアイデアの事業化を諦めていたら、テスラ社は今存在していない。難しいを超えた先にテスラ社はモデルSを生み出した。

騒音にも種類がある

電気自動車はエンジン音や振動による騒音がほとんどない。「静か過ぎて、車が近づいても歩行者が気付かない危険性がある」とマスコミで話題となったほどだ。しかし、静かであればあるほど、ちょっとした音が気になるのも人間の耳感覚だ。

モデルSの開発において、イーロンは小さな異音にもこだわりを見せた。設計段階で異音が出ないよう配慮し、製造段階でも異音にこだわり、異音対策の進捗《しんちょく》はイーロンへ報告された。その甲斐《かい》あって、出来上がったモデルSは、たとえば、アクセルを戻し回生ブレーキが利くとインバーターから出る、いわゆるモスキート音も極力抑えられている。

車重が重いモデルSは、登坂走行に難があると思っているとしたら大間違いだ。大きなエンジン音を蹴立《けた》てて坂を登るガソリン車と違い、アクセルを踏み込めば静かなままで直ちに加速し、坂道をスイスイ登っていく。モデルSで使用している三相交流誘導モーターのステーター直径はロードスターより25％大きく、出力とトルクがアップしている。

フロント部にガソリンエンジンがないので、衝突時に安全を確保するクラッシュゾーンとして下部構造に2本の八角形のレールをそこに真っ直ぐ通し、衝撃時のエネルギー吸収を行う安全設計も施されている。

ジョブズも欲しかった車

モデルSのドアを開けてシートに座ると、ガソリン車にはない不思議な体験をする。シートベルトを締めてブレーキペダルを踏むと電源が入る。イグニッションキーを回すという作業は存在しない。

車内で一番目立つのは、ダッシュボード中央にある17インチ・タッチスクリーンで、iPad2個分ほどの大きさだ。運転席まわりには機械的なスイッチ類はなく、ステアリング設定やサスペンションの選択、回生ブレーキの強弱からエアコン調整など各種情報機能がこのタッチスクリーンに集めてあり、指先一つで行える。USBポートが二つ付いているので、自分が使っているスマートフォンやタブレット端末の情報のやりとりも可能だ。

充電は家庭用コンセントからできて、電圧は110V、220V、440Vに対応している。

特筆すべきは85kWh型に付いている「スーパーチャージャー機能」である。90kWの直流で充電ができ、30分で200kmの走行が可能となる。イーロンは、近いうちに120kWにまで対応能力をアップさせる予定で、その場合は、20分で50%充電が可能となる。

このスーパーチャージができる高速充電ステーションをイーロンはアメリカの主要都市に配置し、2015年には北米の人口の98%の都市をカバーできるよう、野心的に働きかけている。

コンピュータと車をドッキングしたようなモデルSは、長年にわたるガソリン車の常識を覆し、電気自動車の未来像を示している。

アップル社の創業者だったスティーブ・ジョブズが、あと2年長生きしていたら、きっとモデルSを買ったに違いない。そして、大喜びして乗り回していたのではないだろうか。いや、それどころか、「17インチ・タッチスクリーンは、iPadを使え」とイーロンに迫ったとしてもおかしくない。

何より、iＣａｒを作ろうとしていたと言われるジョブズだ。挙げ句に、モデルＳを分解してリバースエンジニアをかけ、さらに先を行く電気自動車をアップルブランドで製造したかもしれない。ただ、その場合、ニューヨークのアップルストアには大き過ぎて入らないが。

トヨタと提携

テスラ・ロードスターの生産工程は量産レベルではなく、〝手作り〟と言っていいものだった。ロードスターのボディパネルはフランスのメーカーからまずイギリスのロータス工場に送られて、ロータス社製のシャーシーにサブアセンブルされたのちアメリカに届く。ロードスターのトランスミッションはミシガン州の業者ボルグワーナー社から、ブレーキシステムとエアーバッグはドイツのシーメンス社からと、世界各国から送られた部品や半完成品をテスラ社のカリフォルニア工場に集め、そこでバッテリーパックや電気モーターなどパワートレインを手作業で組み込み、完成品に仕上げていった。

一方、モデルＳの生産は言うまでもなく量産型だ。カリフォルニア州の旧ＮＵＭＭＩをリニューアルした工場で行っている。ちなみに、NUMMIはトヨタ自動車とGMが合弁で設立した製造工場だったが、2009年のGM破綻《はたん》を受けGMは手を引き、トヨタ自動車も2010年に工場閉鎖を予定して従業員4千人以上が解雇されることになっていた。

ところが、2010年5月21日、業界を驚かせる発表がパロアルトのテスラ本社で行われた。カリフォルニア州アーノルド・シュワルツェネッガー知事立ち会いの下、イーロンとトヨタ自動車の豊田章男社長が、電気自動車の開発に関する業務提携をこの場で発表した。両社にとって新たな一ページを開いた瞬間だった。そして、テスラ社はトヨタ自動車から5千万ドル（約50億円）の出資を受けることになった。

これまでハイブリッドに力を入れてきたトヨタ自動車は、電気自動車に消極的だと思われていただけに業界筋は慌てた。テスラ社とトヨタ自動車の動きを察知していたマスコミはほとんどいなかった。両社は1カ月ほど前から話し合いを始めていたことが後になって判明する。渡米した豊田章男社長はイーロンの自宅に招かれ夕食を共にした。そのあとで、イーロンの運転するロードスターに乗り込み、トヨタ自動車十一代目の社長はその走りの速さに衝撃を受けた。新しい風を感じながらトップ二人は様々なことを語り合ったという。

なお、この時のトヨタ自動車は、北アメリカ市場でレクサスやカムリなど運転中に急に速度が上がるといった事故がいくつも発生し、集団訴訟と大規模リコール問題という難物を抱えていた。豊田章男社長は2月にアメリカの議会公聴会に呼ばれ、謝罪する場面がニュースで大きく報道された。GMやクライスラーが前年に経営破綻したが、アメリカの誇りである自動車産業で世界ナンバーワン寸前だったトヨタ自動車を、アメリカの自動車メーカーと利害が一致するアメリカの政治家とで叩いたという説を唱える人も少なくない。何はともあれ、危機ではあったがトヨタ自動車はその後見事に立ち直り、2012年には販売台数世界第一位の座が待っていた。さすが、トヨタ自動車である。

さて、テスラ本社で開かれた記者会見場でイーロン・マスクの横に立った豊田章男社長は「高い技術力、モノ作りにかける強い思いや、ひたむきな姿勢に、テスラ社の無限の可能性を感じた」と述べた。これはなにも社交辞令だけではなかったろう。

20兆円を稼ぐトヨタ自動車も、生まれた時は、豊田自動織機の片隅で密《ひそ》かに自動車の開発が行われるベンチャー企業にすぎなかった。明治の発明王・豊田佐吉《とよださきち》の長男・喜一郎《きいちろう》が始めた自動車開発に、豊田自動織機の幹部たちは全員が猛反対だった。技術的に困難過ぎて「財閥でも手を出さないのに、どうしてうち（豊田自動織機）なんかが」と批判された。しかし、それでも自動車開発を推し進めた喜一郎の情熱と不屈の精神は、いまのテスラ社とイーロン・マスクに重なるのかもしれなかった。

そのイーロン・マスクは、GMが逃げ出しトヨタ自動車が閉鎖した縁起の悪い旧NUMMI工場の一部を4200万ドルで買い取り、そこでモデルSを生産すると決断した。

カネは上手に使う

現実と理想のバランスを取り違えるととんでもないことになるのは、人生でもビジネスでも同じだ。現実的な販売台数を考えた上で工場投資は行うべきものだとわかっていても、つい理想を求め過ぎて過剰投資をしてしまいがちになる。すると、資金が息切れしてしまい、会社も社員も奈落《ならく》の底に落ちていく。

しかも、「GMやクライスラーが倒産した最悪の時に、自動車工場を立ち上げるなんて、時代の流れに逆行している」と批判した評論家が数多くいた。ならば、イーロンの肩に余計に力が入ってもおかしくはなかった。

しかし、別の見方をすると、自動車業界の景気が悪くなり自動車製造の生産設備類が安く手に入る好機であるとも考えられた。

イーロンたちは好機を100％活用し、業者からは安く生産機器を手に入れた。高い失業率で悩んでいたカリフォルニア州にしてみれば、NUMMIの跡地に工場進出してくれる企業は極めてありがたかった。トヨタ自動車とテスラ社の会見にカリフォルニア州のアーノルド・シュワルツェネッガー知事が同席した背景はそこにあった。

手に入れたNUMMIの使い古しの建物をイーロンたちは知恵と工夫で効果的に改修し、大型の油圧プレス機は中古で譲り受けるなど極力支出を抑える一方で、最新技術を導入すべき工程には、ためらわず資金を投下した。高度な精度が要求される組立工程には、業界でも評価の高いドイツのKUKA社製の最新型ロボットを購入したのは良い例だ。

スポーツセダンのモデルSは天井部が低い。部品ストックに置いてある座席シートを持ち上げ、車内に数秒で搬入し組み込むのはなかなか困難な作業だ。しかし、KUKA社製組立ロボットなら問題なくやってのける。しかも、プログラムを組み替えツールを変更すると、別の作業もすぐできる。たとえば、フロントガラスを持ち上げて、その端部を囲うように接着剤をスーッと塗り、車体のフロント部にピッタリと組み込む作業も手際よく完了する。さらに、リアガラスの組み込みもこの組立ロボットがやってくれ、作業対応の汎用《はんよう》性が高く、生産性の向上に大きく役立っている。

副社長で生産部門責任者のギルバート・パサンは、自動車業界で長く働き、トヨタ自動車でレクサスRXの生産に携わったこともある人物だ。

イーロンは2008年に創業者のエバーハードを更迭し、その後CEO（最高経営責任者）を次々と交代させざるを得ない危機的状態を体験した。だが、そんな中で、テスラ社の自動車開発について、「もっと自動車業界の経験者を入れるべきだ」という忠告を暫定CEOだったマイケル・マークスから受けていた。

インターネット界で成功したイーロンは、IT業界出身者にどうしても目が行きがちだった。だが、モデルSの成功には、自動車業界の人材活用という側面があったことを見逃してはいけない。そして、テスラ社で力を発揮することになった自動車業界出身者のひとりが、このパサンだった。

製造現場のキーマンであるパサンは、何でも機械化すればいいというわけではなく、機械作業と人がする作業の線引きをどこに持っていくかが肝心だと確信していた。機械の領域が多過ぎると作業の柔軟性が失われ応用動作がしにくくなる。一方、人手が多過ぎると作業のバラツキが出やすくなるし人件費も膨らむ。

さらに、テスラ社の製造工程の大きな特徴は、内製化率の高さにあった。自社の強みを生かす、つまりコア技術に関わる工程は極力自社で生産する――これはイーロンの信念でもあった。

バッテリーのセルはパナソニックなど外部のメーカーから調達するが、それをモジュール化し冷却システムを取り付け、電子制御されて強力で信頼性の高いバッテリーパックに仕上げるのはテスラ工場の二階で行われていた。また、パワートレインやボディは9割以上をこの工場内で製造している。

未来のアメリカの工場

内部を効果的にリノベーションした旧NUMMI工場において、モデルSの製造プロセスはアルミ原材料の加工からスタートする。重さ約7tの圧延アルミの大きなコイルは、巻きグセを平坦に直すレベラーを通してカットされ、大型油圧プレス機でルーフやフードパネル、ドアなどに三次加工される。プラスチックバンパーの成形もここで行う。160台の産業用ロボットが、溶接やリベット加工、塗装などを施し、次の組立工程へ受け渡していく。3千人以上のアメリカ人従業員がこの工場では働いているのだが、この自社内工程の意味は大きい。

軽量化を重視したモデルSはアルミ材が多く使われているが、従来の自動車メーカーでもアルミ製造・加工に関するノウハウはまだ不十分だ。テスラ社はこれらを内製することで製造技術を蓄積しつつ、コスト抑制にも貢献している。

最終の組立工程では「スマートカート」と呼ばれる赤い電動台車にモデルSを1台ずつ載せて作業を行う。スマートカートは、床に張り巡らされた磁気テープが誘導していく自走式システムになっている。一般的なコンベヤー式を導入しなかったのは、スマートカート方式の方が、今後の数量拡大やレイアウト変更への対応が柔軟にできるからだ。つまり、モデルSはテスラ・モーターズの電気自動車量産化の第一歩にすぎないということだ。この工場は、すでに第三世代のEVカーの登場を待っているとも言えるだろう。

また、テスラの工場に入って印象的なのは、作業現場が赤と白のツートンカラーで彩られ、とてもきれいなことだ。縁起の悪かった旧NUMMIは生まれ変わった。働く作業員の制服も赤白のツートーンになっている。これまでの自動車など機械工場だと、機械油で汚れた作業服というイメージが付きまとうが、ここは家電の工場といった雰囲気に近く、新たな時代の自動車工場とはこういうものだと気が付かせてくれる。

製造業が衰退し中国など新興国に職を奪われたアメリカだが、テスラの工場には新しい息吹が感じられる。「テスラの工場はアメリカの未来だ」とギルバート・パサンは言った。そしてこう付け加えた。「我々はここで未来を作っている」。

赤字でも株式上場

あらゆる起業家にとって株式上場は一つの大きな目標だ。テスラ社は、トヨタ自動車からの出資を受けた翌月の2010年6月、大胆にも米ナスダックに株式上場を果たした。創業7年目の偉業だった。

公開株価17ドルに対し、終値は23・89ドルの高値を付け、これによりテスラ社は2億2600万ドルを調達した。創業以来赤字続きだったにもかかわらずテスラ社が見事に上場できたのは、稀代の経営者にして破格の投資家イーロン・マスクと電気自動車への期待値と見るべきだった。

米自動車メーカーの新規株式上場は1956年のフォード・モーター以来で半世紀ぶりとなり、市場関係者は沸き立ち、多くのマスコミがトップで伝えた。ただ、前年にはGMもクライスラーも破綻していただけに、前途洋々だと断言するのは気が早過ぎる。何と言っても、

1920年以降、新興の自動車メーカーが米国市場で生き残った例は1社もない。

しかし、イーロンはそんなことでは怯《ひる》まない。そして、電気自動車にかける夢を実現するとっておきの切り札は、自動車以外のところにあるかもしれなかった。それが充電ステーションだ。

自動車がどれだけすぐれた性能を持っていても、「燃料」が補充できなければ、自動車は困った粗大ゴミで終わってしまう。

CO_2（二酸化炭素）もNO_x（窒素酸化物）も一切排出せず、ガソリン車よりエネルギー効率が良い電気自動車だが、その弱点は、1回の充電で走れる距離がガソリン車に比べて短いことだ。イギリス・BBCの番組「Top《トップ》 Gear《ギア》」もその点を突いていた。（ページ96）

だが逆に、燃料である電気の補充がいつでもどこでも、無料で簡単に行えるとしたら、世界は大きく変わる。

イーロンは、単に電気自動車を作るのではなく、我々の生活環境で有効に使える移動手段を、化石燃料を使わないで提供しようとしているのだ。

ところで、テスラ社が上場した3カ月後、ジャスティンと離婚していたイーロンは、14歳年下で当時25歳の女優タルラ・ライリーと再婚し世間を賑《にぎ》わせた。2人の付き合いは、前妻ジャスティンとの関係が悪化した2008年頃に始まっていた、と聞くと「えっ、そんな?」と驚くに違いない。そう、テスラ社はロードスターの出荷で混乱に陥り資金繰りが苦しくなっていたし、スペースX社はファルコン1の失敗が続き超多忙で、家庭はヒビが入っていた最悪の時に、若い彼女を見付けて交際するとは……。イーロンの1日は我々の24時間とはまったく違うようだ。

イーロンの心を射止めたタルラ・ライリーはイギリス出身の女優で、レオナルド・ディカプリオや渡辺謙が出演した「インセプション」にも出ている。しかし、このカップルを見た人は誰もが、「どうかな、うまくいくのかな」と首を傾《かし》げただろう。タルラが初めてイーロンと出会った時、会社を経営する大金持ちだとは知らなかったという。そして、彼がスペースX社とテスラ社のCEOで億万長者だと教えられ、交際は深まっていった。

何にせよ、タリル・ライリーは若くて、思わず振り向くほど美しい女性だった。だが、5人の子供の父親であり、スペースX社とテスラ社を経営する超多忙な億万長者イーロン・マスクの妻役は、大統領夫人よりも難しい役まわりだった。

結局、2012年に2人は離婚することとなる。そして、イーロンはゴシップ記事ではなく、ビジネスの本業で世間の注目を集めていく。

6章

異端——ロケット作りの革命

世界初、国際宇宙ステーションとドッキング

スペースX社のロケット「ファルコン」の名は、大ヒット映画「スターウォーズ」に登場するミレニアム・ファルコン号にちなんでいた。ご存じ、あのハリソン・フォード扮するハン・ソロが操縦する宇宙船だ。ついでに言うと、スペースX社のロケット、ファルコンの後ろについている数字の「1」と「9」は1段目に搭載したマーリン・エンジンの数を表していた。

2012年5月22日、フロリダ州のケープカナベラル空軍基地の発射台に備え付けられたファルコン9は、クラスター化したマーリン・エンジン9基が一気に点火、轟音《ごうおん》とともに天空を目指して飛び立った。飛行は順調に続き、打ち上げから約3分後に1段目の切り離しに成功した。今回は、商業軌道輸送サービス（COTS計画）2回目のデモフライトとして、「ドラゴン宇宙船」が載っている。

ピーター・ポール&マリーのヒット曲「パフ　ザ・マジックドラゴン（邦題は「パフ」）」がその名の由来である宇宙船ドラゴンは、ファルコン号に載って打ち上げから約10分後に所定の軌道に計画通りに投入された。しかし、ここまでは前回のファルコン9の2号機で成し

遂げた道のりであり、ここから先こそがイーロンたちにとって未知の領域だった。

ドラゴン宇宙船は地球のまわりを予定通り周回し、アメリカ東部夏時間5月25日9時56分にISS（国際宇宙ステーション）のロボットアームに把持され、11時2分にISSとのドッキングに完璧に成功した。この快挙に世界中が驚き、喜び、熱狂した。スペースX社はこまでやれるんだ。民間企業の宇宙船がISSと結合したのはもちろん史上初めてだった。

今回の成功を受けイーロンは「ミッションの最も重要な部分が成功し、私たちはとても興奮している」と世界に声明を出した。

ドラゴン宇宙船はISS内で使用した衣服や実験ペイロードなど計500kg以上の物資を搭載すると、5月31日4時7分にドッキングを解除した。その後、軌道離脱噴射を行って大気圏に再突入し、11時42分にカリフォルニア沖の太平洋に見事に着水した。民間企業が打ち上げた宇宙船がISSと結合したのち、無事地球に帰還したのも、これまた、史上初の壮挙だった。

毎月、ロケットを打ち上げる

２０１２年、ｉＰＳ細胞の山中伸弥教授がノーベル賞を受賞し日本中が沸いた。その発表前日となる10月7日、ケープカナベラル空軍基地ではファルコン９の４号機が、ＮＡＳＡ（アメリカ航空宇宙局）とのＣＲＳ（商業補給サービス）契約に基づく最初のミッション「ＳｐａｃｅＸ ＣＲＳ－１」を搭載して大空に飛び立った。乗組員用の必需品や実験用資材など計４００kg以上の物資が搭載されＩＳＳに運搬する計画だ。

しかし、今回の打ち上げでは、ファルコン９の機体上昇中に９基のマーリンエンジンのうち１基に圧力低下の異常が発生してしまった。一大事だ。だがこの時、スペースＸ社のエンジニアたちは慌てることなく、問題の起こった１基のエンジンだけをうまく停止させ、残り８基のエンジンで飛行をスムーズにカバーすることに成功し、関係者を安心させた。

ファルコン９の設計では、万が一、いずれかのエンジンに異常が起きても、飛行には影響を及ぼさないよう作られていた。その設計通りに作動したことが今回、実証されたのだった。

イーロンは、打ち上げ成功を喜びながらも「宇宙船ドラゴンを国際宇宙ステーションにドッキングさせるなど、まだまだやることはたくさんあるよ」と前回の成功に慢心することなく気を引き締めた。

ところで、宇宙船ドラゴンにはCRS－1に加え、米国の通信事業者オーブコム社の新たな通信衛星のプロトタイプ「オーブコムG2」も搭載されていた。しかしながら、1段目のマーリン・エンジン1基の圧力低下に起因して、オーブコムG2は予定より低い不安定な軌道への投入となってしまい、その結果4日後に燃え尽きてしまう。ただ、これはCRS－1を優先する契約に基づく決断だった。

そのような不具合があったが、今回の最優先のミッションであるCRS－1を積んだドラゴン宇宙船は、10月10日にISSとのドッキングに見事成功した。この時、ISSでロボットアームを操作しドラゴンを捕捉《ほそく》する作業を行っていたのが、日本のJAXA（宇宙航空研究開発機構）から派遣されていた星出彰彦宇宙飛行士だった。ちなみに、星出彰彦はこの年の7月15日にソユーズを利用してISSに乗り込み、日本人宇宙飛行士としては最長の約125日間滞在することとなった。さて、ドラゴン宇宙船は宇宙で2週間半を過ごしたのち、イーロンたちが待つ地球に無事帰還した。

さらに、スペースX社の快進撃は続く。2013年3月1日、NASAとのCRS契約の二回目ＣＲＳ－２をドラゴン宇宙船に載せたファルコン９が打ち上げに成功した。今回のミッションは、約５４４kgの補給物資をＩＳＳに運搬し、帰りは約１０４３kgに及ぶ実験の成果物などを載せて戻ってくるものだった。

打ち上げ直後に複数のクラスター・ポッドが起動に失敗し、ドラゴンの太陽電池パドルがうまく展開しないトラブルも発生していた。しかし、スペースX社の技術者たちの粘り強い復旧作業の結果、問題は的確に解決。3月26日にカリフォルニア沖の太平洋にドラゴンは無事帰ってきた。「パフ　ザ・マジックドラゴン」の歌に出てくる仲良しの子供ジャッキーは大人になると夢を忘れたが、宇宙船ドラゴンの方は夢への階段を一歩ずつ登っていた。

スペースX社は、２０１３年の年間を通じて6回の打ち上げを予定している。ロケットを〝量産する〟ことで劇的なコストダウンを図ろうとするイーロンたちは、さらに、２０１４年では、毎月1回以上のペースで打ち上げを敢行する考えだ。これらはＮＡＳＡだけでなく、欧州やアジア、南米など世界の様々な国々からの受注に基づいている。

特許は出さない

スペースX社が登場するまで一般の人々はロケットの価格など知る由もなかった。しかし、スペースX社は、ファルコン1に続いて、大型ロケット・ファルコン9の価格もウエブサイトで堂々と公表した。もちろん、こんな大胆不敵なことをするのは世界でスペースX社だけだ。ちなみにファルコン9のお値段は5400万ドル（約54億円）で、これは、NASAが心血を注いで作り上げたデルタⅣの約6分の1以下と激安だ。

それにしても、イーロンたちスペースX社はどんなやり方でこんなに安くロケットを作るのだろうか？

多くのマスコミがイーロンにこの質問を投げかけた。それに対し彼は、「スペースX社は、特許申請は行っていない」と想定外の答えを返した。

ハイテク機器の技術優位性を守るには特許しかない。他社がマネするのを防ぐ最強の武器が特許だ。特許出願件数は毎年発表され、先進工業国はその数を競っている。中国も例外ではない。しかも、単なる特許件数稼ぎを目的としたレベルの低い特許でも、なりふり構わず申請しているのが中国の現実でもある。

それほど、ハイテク産業において特許は重要なのに、イーロンはスペースX社はなぜ特許を出さないのか。

その理由について「特許を出せば、中国人がそれを使ってマネをするからだ」と誰もが腹の中で思っていたことをイーロンはずばり言ってのけた。実際、日本やアメリカが出した特許を参考書にして製品開発をするのが中国のやっているもう一つの現実でもある。

そのような事情で特許を申請していないとあっては、スペースX社のコスト削減方法についてまったくわからないかというと、そうでもない。興味深いポイントをいくつかを紹介しよう。

設計はシンプルに

スペースX社が格段に安くロケットを作る原点にあるのは、ロケットを1機ごとにカスタムメイドするのではなく、「ロケットを量産する」と捉《とら》えるイーロンの革新的な思想にある。自動車で考えてみると、コストを下げるにはまず設計を標準化し、部品を共有化する。同じ生産設備を使って稼働率を上げ、不良率は下げる。製品はシリーズ化して、台数をできるだけ多く作る。こうすると、部品コストも製造コストも下がっていく。家電製品でも同様だ。しかし、この発想は、これまでのロケット開発にはまったくなかった。

コロンブスの卵的な発想だが、イーロンは、ロケットの基本設計をできるだけシンプルにした。たとえば、燃料と酸化剤はファルコン1でもファルコン9でも同じものを使っている。ケロシンと液体酸素だ。ファルコン1に使うマーリン・エンジンは、ファルコン9でも使っている。こうすれば、部品の共用化に最適であり、生産設備も加工プロセスも減らすことが可能だ。

従来型のロケット作りをするユナイテッド・ローンチ・アライアンス社の「アトラスV」と比較してみよう。

アトラスVは三種類のロケットエンジンを使用している。1段目は、NPOエネゴマシュというロシア企業が製造し、プラット&ホイットニー社との合弁会社RDアムロス社を通して調達。推進剤はケロシンと液体酸素だ。

次に、補助ロケットはアメリカのエアロジェット社が製造し、燃

アトラスV
の構造
（ユナイテッド・ローンチ・アライアンス社）

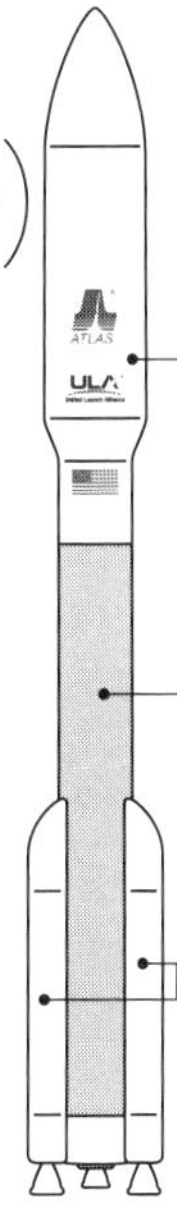

料は液体燃料ではなく固体燃料を使っていた。

2段目は、液体水素と液体酸素を使うRL−10で、製造はアメリカのプラット&ホイットニー社と複雑極まりない。一つの本体に三つのロケットエンジンを使えば、確かにパフォーマンスは最高になる。しかし、値段も最高になってしまった。アトラスVは、開発コストがファルコン9の約6倍で、打ち上げコストは約7倍もかかっていた。

フラットな組織で

シンプルな設計は、組織構造のシンプル化という大きな相乗効果も生んでいる。

スペースシャトルで5回飛行した宇宙飛行士のケネス・バウアーソックスは、「安全性の根幹はロケットの設計にある」と力説していた。ロケット設計が複雑になると、部品点数も製造工数も増え、その結果ロケットの安全性に影響が出てしまう。さらに、ロケット設計がシンプルでないと、組織まで肥大してしまう。

スペースシャトルは、オービター(軌道船)をボーイング社とロックウエル社が製造したが、外部燃料タンクはロッキード・マーチン社で、固体燃料補助ロケットはアライアント・テックシステムズ社が担当し、とんでもなく複雑だった。

バウアーソックスは、「NASAのスペースシャトルの複雑な設計が、大きな組織構造を必要としてしまった」と手厳しい審判を下した。ロシアのソユーズでも飛行体験がある彼は、「ソユーズはスペースシャトルよりも設計がはるかにシンプルで、そのため組織構造もNASAと比べてはるかに小さかった」と重大な指摘をしている。

ファルコンは、設計をシンプルにすることで、組織のオーバーヘッドを極めて軽いものに変えた。また、スペースX社は打ち上げにおいても、高度に自動化されたカウントダウンシステムを開発し、人は自動稼働の様子を観察するだけにしてある。「人は必要な時だけ介入する」という思想で設

ケネス・バウアーソックス宇宙飛行士　© Getty Images

計することで、オーバーヘッドをできるだけ抑えることに成功した。この意味は極めて大きい。

開発現場にも大きな違いがあった。スペースX社の指揮系統はNASA型ではなく、シリコンバレー型の進化バージョンと言える。

スペースX社はできる限りシンプルで機動性に富んだ組織であり、フラットマネジメントが基本だ。一般的にアメリカの企業では、ちょっと偉くなると個室をもらう。まわりの混乱から隔絶した空間で椅子に深々と座るのは、気持ちがいいものだ。

だが、イーロンは「ドアはコミュニケーションを邪魔するだけだ」と警鐘を鳴らした。スペースX社で目に付くのは個室ではなく、低いパーティションで区切られたデスクスペースばかりだ。人事も経理も副社長も例外ではない。すべてのエンジニアがひとつ屋根の下で仕事に打ち込む。設計からテスト、そして改良までが一連の流れになっている。

スペースX社のある幹部社員は「これこそ偉大なイノベーション（技術革新）なんだ」と表していた。特に、新しい技術を開発しようという時は、縦割り組織では対応できない。技術は極めて高度に複雑化しており、「ここまでが私の組織の領分です」なんて線を引いていたら、〝進化のジェットコースター〟から振り落とされる。

「企業の組織とはテーラーメイドの服と同じだ」と例えた人がいる。テーラーメイドの服は、その時の体型に合わせて作る。「あなたの10年後の体型に合わせて服を作りました」ということはあり得ない。組織も同様で、その時の市場の状況に合わせて作ることしかできない。だが、一度組織を作ると、市場が変化したからといって簡単に変えることは困難だ。本来、市場が〝主〟であり、組織は〝従〟であるはずのものが、組織が〝主〟になって変わらず、市場の変化から取り残されて企業は潰れる。

宇宙ロケット創成期ではNASA流の重厚な組織が確かに必要だった。あらゆる専門家と不測の事態に備える科学者たち。不測の事態と未知との遭遇に備える分厚い組織構造が欠かせなかった。しかし、時代は変わり技術は劇的に進化した。たとえば、アポロ13号を打ち上げた時に、NASAで使っていた打ち上げ管制用大型コンピュータシステムの性能よりも、現在の1台のパソコンの方が勝っている。

廊下で〝フラッシュモブ〟

組織が重厚長大なNASA流と違って、スペースX社はシリコンバレー流で、フラットな組織のため、意思決定が速い。

NASAで宇宙船の耐熱材PICA（フェノール含浸炭素アブレータ）を開発した研究者ダン・ラスキーは、スペースX社の宇宙船ドラゴン用の新たな耐熱材を開発するため、2008年の大半をスペースX社の開発部門で過ごす体験をしていた。デスクも電話も準備されて、スペースX社の技術者たちと一緒に耐熱材の開発チームとして難問に立ち向かった。

なによりダンが驚いたのは、スペースX社の意思決定のスピードだった。ダンはNASAでは20年の経験があるが、キャリアの最初は小さな航空宇宙企業だった。スペースX社で働くと昔の感覚が蘇《よみがえ》りもしたが、スペースX社の意思決定は想像以上で〝革命的に〟速かった。

ある日、大勢の開発メンバーにイーロンが同席した会議があった。新耐熱材の製造にまつわる議論がメンバー間で白熱すると、急にイーロンはダンに向かって「キミはどう思うんだ？」と聞いてきた。そこでダンは、専門家としての自分の考えていたことを話し、もちろん理由も説明した。するとイーロンは「OK、それで行こう」。このひと言ですべてが決まった。

NASAでは一つの提案に対して、いくつもの分析や検討、さらに会議が何度も行われて、長い時間をかけやっと結論に達する。NASAのような政府機関では即断即決はあり得なかった。

あれこれ考え過ぎて、会議室の中で議論だけが堂々めぐりするのではなく、そんなことをする時間があれば、スペースX社では試作品を作ってさっさと実験してしまう。書類手続きを万全にしないと次のステップに進めないなどという官僚主義ではやっていけない。試作品を作り、実験をする。もし実験結果が期待値よりも劣ったとしても、そこで立ち止まらない。「次の実験に役立つ貴重なデータが手に入ったんだ」と考え直せば、前に進む勇気となる。

こうして開発したのが宇宙船ドラゴン用の新耐熱材PICA-Xだ。

PICA-Xは、NASAが開発した耐熱材PICAをベースに開発した材料である。宇宙船が大気圏に再突入する時には、空気との間に激しい摩擦熱(空力加熱)が発生し機内に高熱が侵入してしまう。アブレータ方式の熱防御の仕組みは、耐熱材料自身が熱を吸収し変化することで、機体本体等への熱の流入を防ぐというものだ。NASAの宇宙船スターダストの耐熱材としてPICAは使用され、目覚ましい成果を上げていた。

そして、NASAの協力を得て開発に成功したPICA-Xは、これまで使われた宇宙船の耐熱材の中で最も先駆的で、宇宙船の再利用への道を拓《ひら》くものであった。

イーロンは「この耐熱シールドは低軌道からの1千回の帰還に耐える」と胸を張った。それにもまして、月や火星からの帰還における、より高いエネルギーでの大気圏再突入にも持ちこたえる十分な性能を有している。しかも、もう一つスゴイのは、従来のコストの10分の1で作れることだった。

少ない人数でスピーディに動き、技術的な問題を次々と解決する。そんなスペースX社の様子を冗談交じりにこう表現した人がいた。「ひとたび新しい問題が起きれば、廊下で〝フラッシュモブ〟が始まる」。

フラッシュモブとは、インターネットを通じて予《あらかじ》め広く呼びかけられた人たちが駅や街頭といった予定の場に突如集合して、ダンスや合唱など申し合わせた行動を取る即興のパフォーマンスのことだ。パフォーマンス実行後は何事もなかったかのように元の状況に戻る。インターネットの動画サイトで話題となっているが、このフラッシュモブ的な行動は、問題や変化に機敏に対応する新しい組織形態のように、言われてみれば思えてくる。

理想と現実の隙間を埋める

シリコンバレー流の宇宙ベンチャー「スペースX」を支えるメンバーは多種多様だ。その中のひとりグウィン・ショットウェルは、幼い頃から機械に興味を持っていた3人姉妹の次女だった。そして今、彼女はスペースX社の社長でありCOO(最高執行責任者)である。

グウィンはシカゴの郊外で生まれ、父親は脳外科医、母は芸術家で、父親の芝刈りをよく手伝う女の子だった。

小学校3年生の時、母親と車の中にいたグウィンは、「どうしてエンジンは動くんだろう?」と不思議に思った。そこで母親に尋ねると、母はエンジンに関する本を買ってくれた。その本を読んでエンジンやギアや、自動車がコーナーを曲がる時にスムーズな旋回を実現する差動装置にとても興味を引かれたことを覚えていた。

活発なグウィンは、高校時代はバスケットボールの代表選手やチアリーダーとして活躍する。ところが母親は、グウィ

スペースX社の女性社長グウィン・ショットウェル

© Bloomberg via Getty Images

ンにエンジニアになることを勧めたのだった。だが、親の思う通りに子供が言うことを聞いてくれるとは限らない。グウィンもそうだった。彼女は、エンジニアが一体何をする職業なのかいまいちピンと来なかった。すると母親は、イリノイ工科大学で行われた女性エンジニア協会（SWE）の集会へグウィンを連れていった。幸運なことに、そして母親が望んだように、グウィンはそこで自分の天職を発見した。

ノースウェスタン大学で機械工学と応用数学を修め、連邦政府の出資するエアロスペース社でグウィンは活躍の場を得た。熱解析の研究に従事し、いくつも論文を発表した。しかし、10年が過ぎた頃、実際に宇宙船を建造してみたいという思いが膨らみ、エアロスペース社を辞めてロケット開発会社「マイクロコズム社」にディレクターとして入社することになる。マイクロコズム社は空軍からの仕事を請け負う、小規模だが自分の思いが実行しやすい会社だった。

2002年、スペースX社で働いていた友人とグウィンはランチを取っていた。するとその時、予期せぬことが起こった。彼女は、イーロン・マスクと話をする機会を得たのだった。人生は縁あって人と出会い、ふとしたきっかけで歩む方向が変わる。その2週間後、グウィンはスペースX社の7人目の社員として働いていた。

ビジネス開発の責任者を務めてきた彼女だが、ビジネスについて正規の教育を受けたわけではなく、OJT（実地訓練）で体験したことが基礎となっている。

ところで、エンジニアは製品のでき栄えに完璧を求めたがる習性を持っているものだ。一方、セールスマンは、製品は手早く完成させて商機を逃さず早く販売したがる。両方のマインドを持つことが大事だとグウィンは考え、実践に努めてきた。いわば、理想を抱いた現実主義者であり、この信条はイーロンにも共通していた。

グウィンのエンジニアらしからぬずば抜けた行動力と航空宇宙業界での豊富な経験が、イーロンとスペースX社の躍進を支えてきたことは紛れもない事実だ。彼女は若いエンジニアたちに対して、「もし、未来を見ることをやめたり、今のテクノロジーを改良しようとしなければ、それは、取り残されることを意味する」とアドバイスを送った。ファルコン1でたび重なる失敗にも挫《くじ》けず踏みとどまれたのは、この考えが現場に浸透していたからだろう。

コストダウンに〝革命的〟はない

スペースX社は破格に安いコストでロケットを作り、成功を収めている。しかしこれは

「革命的なブレークスルー（突破）によってではなく、コツコツと地道な努力を積み重ねることで成し遂げたんだ」とイーロンは奥義を漏らした。その言葉は、日本のモノづくり現場の声に似ていると気付かされる。さらにイーロンは「我々の（コストダウン）の考え方そのものが、革命的なブレークスルーなんだ」とスペースX社の〝武器〟を誇らしげに強調した。

コストダウンの取り組みは泥臭く面白みに欠け、ともすると下請け会社などに丸投げして満足している企業も少なくない。だが、スペースX社は自社で取り組み、卓越した成果を出している。ロッキード社など巨大な航空宇宙企業が四層も五層もアウトソースしているのとは対照的だ。自社で取り組むことで新しい技術も積極的に取り入れ、しかも新たな付加価値も生み出している。

例えば、ファルコンロケットのアルミ─リチウム合金製の燃料タンクの製造工程では、従来のタングステン電極を用いるＴＩＧ溶接ではなく、「摩擦攪拌《かくはん》接合」という新しい技術を導入した。摩擦攪拌接合とは主にアルミなど非鉄金属の接合に用いられ、接合材料に回転ツールを当てて摩擦熱で材料を加熱して、接合面を軟化させ塑性流動させることで接合する技術で、１９９１年にイギリスの公立研究機関ＴＷＩが開発したものだ。業界は違うが、アメリカ・アップル社が２０１２年に発売したｉＭａｃのアルミボディにもこの接合技術は使われた。側面エッジ部の5㎜の極薄設計を叶《かな》えるためだった。

さらに、ファルコンロケットの燃料タンクに使っているアルミ—リチウム合金は、アルミニウムにリチウムを添加した合金である。リチウムは、その密度が0・53で、アルミニウムの2・7に対し5分の1以下と軽量で、しかも水よりも軽い。このリチウムをアルミニウムに添加すると、合金の剛性がアップし、単位質量当たりの強度「比強度」が高くなる。つまり、同じ強度で軽量化を図ることができる。

さて、ファルコンの燃料タンク製造に導入した摩擦攪拌接合の利点は、融点以下で接合するので、接合の歪《ひず》みが少なく、欠陥が発生しにくいことにあるが、それだけではない。従来の溶接では前処理が必要だったり、溶接後に溶接の状態をX線で検査する手間もかかっていた。しかし、摩擦攪拌接合では、溶接作業と並行して、超音波で仕上がりの確認が簡単にできるので、製造コストを低く抑えられる。大きなロケットも、小さな努力が組み合わさったものだと再認識させてくれる。

とかく大きいことを言いたがる人は、現場の小さな仕事にはなかなか目が届かないものだ。逆に、小さなことしか言わない人は、大きな未来は目に入らない。されば、大きいことを言いながら、小さな仕事にまで目配りできる経営者は稀少であり本物だ。「火星に人類を移住させる」とデカい宣言をするだけでなく、現場の小さな歩みにも目を向けるイーロン・マスクは稀代の起業家である。

頭の固いベンダー

スペースX社の副社長であるトム・ミューラーは、航空宇宙産業で26年以上働き、スペースX社ではエンジン開発の中心を担っている。そして、ロケット産業の光と影を経験してきた人物である。

ミューラーが、スペースX社で使う特別なエンジンバルブの見積もりをベンダー（納入業者）に頼もうとした時のことだ。急いでいたにもかかわらず、ベンダーは「開発に1年半はかかる。費用は数十万ドル」と殿様商売のようなことを言ってきた。ミューラーは、「駄目だ。この夏までにどうしてもいるんだ。それにもっと安い価格でなきゃ」と頼み込んだ。すると、ベンダーの連中は、「グッドラック」と言ってそのまま立ち去った。

ベンダーが役に立たないのなら、自分たちでやるまでだ。結局、ミューラーの秀抜な部下たちは、この特殊バルブを夏までに作り上げて、認定を獲得した。

その段になって、これまでなしの礫《つぶて》だったベンダーが急に電話をよこして「ウチが、あのバルブ開発をやるよ。ついては、何か話しておきたいことはあるか?」と上から目線で聞いてきた。あきれながらもミューラーは「いいや。もうやったから」と断りを告げたが、相手は状況を理解できずにいた。ミューラーが「自分たちスペースX社の技術者で開発して、必要な認定まで取ったよ。もうやったんだ」と噛《か》んで含めるように説明すると、電話は向こうから切られた。スペースX社だけで短期間に開発してしまったことにベンダーは衝撃を受けたのだった。

これは例外的な事例ではない。「時間もコストもたっぷりかけて」がロケット機器を製造してきたベンダーの普通のやり方だった。だが、スペースX社は、過去に胡坐《あぐら》をかいたようなベンダーにはお引き取り願って、自分たちのスピードとやり方でロケット開発を推し進めていった。

アマゾン創業者が目指した宇宙

宇宙を目指す民間人はなにもイーロン・マスクだけではない。イーロンがネット業界で成功し、次に宇宙を目指したように、ジェフ・ベゾスもまたネット業界で勝利を得て宇宙に目を向けた人物だ。ベゾスは1964年に米国で生まれ、あのアマゾン・ドット・コムを興した名高い成功者である。

ベゾスが宇宙開発企業ブルーオリジン社を設立したのは2000年。スペースX社より2年早い。だが、違うのは、イーロンが火星を目標に掲げたのに対し、ベゾスはまず、サブ・オービタルを目標にした。これは大気圏と宇宙の境界である地上100kmを少し超える高さまで有人ロケットを打ち上げ、そこからの自由落下の数分間に無重力状態を体験できるサービスを提供しようというものだ。しかし、残念ながら現時点ではまだ成功していない。

ジェフ・ベゾスは宇宙飛行を、より安く、より多くの人に提供したいと述べている。また、サブ・オービタルの次の目標として、

アマゾンの創業者でCEOのジェフ・ベゾス

NASAからの協力を得ながら軌道宇宙船の開発を進めている。それでも、アマゾン・ドット・コムを立ち上げた時よりは桁違いで多大な困難にベゾスが直面していることは間違いない。

さらに、世界的実業家にして冒険家としても有名なリチャード・ブランソンもまた宇宙を追いかけるひとりだ。ブランソンは1950年にイギリスで生まれ、レコード会社（ヴァージン・レコード）や航空会社（ヴァージン・アトランティック航空）などを立ち上げた破天荒な人物だ。2004年に宇宙旅行事業に参入すべくヴァージン・ギャラクティック社を設立した。ターゲットは、ベゾスと同様にサブ・オービタル市

ヴァージン・グループ会長のリチャード・ブランソン

場であり、500人の観光客をひとり当たり20万ドルの料金で宇宙へ送る計画を立てている。イギリスのエリザベス女王から「ナイト」の称号を賜ったブランソンは、将来的には軌道上を周回する宇宙機の投入計画も温めている。

2013年4月、アメリカ西部上空でブランソンの宇宙船「スペースシップ2」は、空中で初めてエンジンを使った試験を実施した。航空機につり下げられたスペースシップ2は、高度約14㎞まで上昇後に切り離されると、エンジンを16秒間噴射して音速突破に成功。さらに加速し音速の1・2倍まで加速した後、高度約17㎞に到達してから滑空して着陸した。今後はさらに高度を上げながら高度約100㎞の宇宙空間の到達を目指している。

ブランソンは、無着陸世界一周飛行や熱気球による世界初の大西洋、太平洋横断も成功させたスケールの大きい冒険家である。しかし、イーロンのように「火星に人類を送る」という壮大極まりない目標と比較すると、色あせてしまうのも仕方ないだろう。

再利用できるロケットを作る

目標を掲げるだけなら、そんなに難しいことではない。むしろ簡単かもしれない。たとえ達成が困難な高い目標であっても、とりあえず株価を上げるためにぶち上げておこう、そんな会社の噂《うわさ》を聞いたことはないだろうか。

ところが、いざ走り出して「達成は無理みたいだなぁ」と嫌な匂《にお》いが立ち始めると、途端に目標値を下げてしまうリーダーも数多くいる。保身のためであり、失敗の烙印《らくいん》を押されたくないというサラリーマン根性の表れだ。しかし、リーダーが目標を簡単に引き下げるような本気度では、現場の士気は上がらない。

スペースX社がベンチャー企業でここまでやれた根底には、イーロンのロケット開発へのぶれない姿勢があった。

「ロケットのコストを10分の1にする」とイーロンは公言してきた。それだけではない。使い捨てが当たり前だったロケットを「再利用可能にする」と驚愕《きょうがく》の宣言をした。

ロケットの総コストの約4分の3は1段目ロケットが占めている。1段目が再利用できれば、それだけでコストは劇的に下がる。理屈では確かにその通りでも、実際に設計するのは至難の業だ。ましてや、できたばかりのベンチャー企業なら、まずはロケット1号機の打ち上げ成功を最優先の目標にし、うまく打ち上がった次にコストダウンを行い、ロケット再利用に挑んでいくのが、堅実な経営者のスタンスだろう。

だが、イーロンはそうしなかった。最初から再利用可能なロケットを目指し、技術者たちの尻を叩いた。ファルコン1は三度も打ち上げに失敗した。しかし、打ち上げに失敗しても、ロケットを再利用するという看板をイーロンが下ろすことはなかった。

スペースX社のひとりの幹部は「もしイーロンが1段目を再利用するという考えを捨てていたら、ファルコン1は2年は早く軌道に到達していただろう」と切実な舞台裏を語った。マーリン・エンジンの認定レベルは、再利用しないのであれば品質過剰なものだったと言える。この幹部は「エンジニアたちは、ゴールへの最短コースじゃなかったから、非常にフラストレーションがたまっていた」と現場の苦闘ぶりを吐露していた。そんな状況でもなお、イーロンがロケットの再利用という大きな目標をぶれることなく掲げ続けたとは驚嘆に値する。

摩擦撹拌接合で燃料タンクを作ったのもロケット再利用を見据えてのことだったし、画期的な耐熱材PICA-Xを作り出したのもそのためだった。

イーロンの妻だったジャスティンは、夢を追いかける夫についてこう評していた。

「彼は単なる夢追い人じゃなく、夢に向かって爆走する桁外れの野心家なの」。

高い目標を持ち続ける

桁外れの野心家イーロンは、彼のエンジニアたちが可能だと考える限界以上のことをやるように求め、ハードワークを要求した。とんでもない目標を掲げる上司についていく部下たちは大変だ。だが、部下はイーロンの期待に応えてみせた。イーロンの人間的な魅力は、不可能に挑む気持ちを起こさせてくれることかもしれない。

トム・ミューラーは初めてイーロンに会った時、「一体、いくらエンジンのコストダウンが可能だと思う?」とズバッと聞かれた。ミューラーは、彼としてはかなり多めの数字で答えてみた。「たぶん、3分の1ぐらいなら」と。

ところがイーロンは「我々は、10分の1にしなけりゃいけないんだ」とトムの度肝を抜いた。だからと言ってイーロンは、ハッタリで人を煙に巻いたり、操縦したりするタイプではない。彼ははにかみ屋だし、大演説をぶって颯爽《さっそう》とステージを後にできるような人物でもない。しかし、その言葉は信念に支えられている。ロケットのコストを10分の1にすると言われたミューラーはその時「クレージーだ」と思ったが、結局、スペースX社に入りイーロンの仲間になっていた。

イーロンたちはすでに、グラスホッパー・プロジェクトというロケット再利用のテストを始めている。グラスホッパーとはロケット再利用の実験用ロケットで、高さ約32m、推力は55kN。ファルコン9をベースに開発したもので、1段目に本体保持用で鋼鉄製の4本の脚部を備え、垂直に上昇降下ができる。

イーロンの構想では、地球軌道まで飛んで行った1段目ロケットは役目を終えると向きを変え、エンジンを再点火し、打ち上げ地点に戻ってくる。そして、離陸地点に垂直に着陸する。「そんな、映画みたいな」と誰もが思うだろう。ところが、スペースX社のサイトにアクセスするとその打ち上げ実験の様子が動画で見ることができ、ワクワクする。

ドでかいロケットが地上数百m上昇し、まるでヘリコプターのようにそこで数秒間ホバーリング（空中停止）する、今度はその姿勢のままゆっくり降下を始め、打ち上げ位置に再び着陸する。信じられない光景が目にできる。2013年6月14日には、グラスホッパーは地上325mまで上昇し、その後、元の地点まで垂直に降下し着地に成功した。さらに同年8月には、グラスホッパーは上昇した後に、機体を水平方向に100m移動させてから、移動ルートを逆に戻って打ち上げ地点に無事着陸を果たしている。

もちろん、これから先の開発はもっと大変だ。数百mの高さと100kmの高さでは1千倍もの違いがある。それをどうやって克服するか。最適な技術を生み出すにはこれまで以上の努力と研究が必要だ。それでいて、どんな解決策があるのかは誰もわからない。ただ、とてつもない困難が待ち受けていることだけは100%疑いようがない。しかし、不撓不屈《ふとうふくつ》の起業家イーロンなら諦めず挑み続け、きっと実現してくれる気がする。

イーロンは「飛行機みたいに1日に複数回打ち上げができるようになること。そうすれば、百万ドルもの大金を毎回使い捨てロケットにつぎ込む必要もなくなる」と夢のようなことを平然と語っていた。ロケットのコストを100分の1にする。これがイーロン・マスクの目指すところだ。

7章

野望——人類を火星に送り込む

ファルコン・ヘビーで火星へ

イーロンの友人でベンチャー・キャピタリストのジョージ・ザカリーは、2002年、イーロンが宇宙ロケット開発に手を挙げるべきか否か悩んでいた頃の、奇妙な会話を覚えていた。イーロンは電話でこんなことを聞いてきた。「もし僕が火星にネズミを送り込むと言ったら、まわりの人は、こいつは気が変だって思うかな?」。

ザカリーが「そのネズミは地球に戻れるのか?」と聞き返すと、イーロンは「わからない」と答えただけだ。イーロンの会話は時に飛び過ぎて、相手はついていくのに困ることがある。

ザカリーは「まぁ、ネズミが戻れないなら……、気が変だって思うよ」と言った。「火星を目指して有人宇宙ロケットを作る」。そう聞けば、99・9%の人は冗談か、さもなくば、気が変だと思だろう。だが、イーロンは残りの0・1%だった。

本気で「火星に人類を送り込む」と言い続けたイーロンは、2012年、ワシントンDCのナショナルプレスクラブで「火星で新しい文明を創造する」とさらに突っ込んだ発言をし、記者たちを興奮させた。彼は大胆果敢に、だが、合理的に火星への道を登っていこうとしている。

そのカギを握るのが、超大型重量打ち上げ能力を持つ「ファルコン・ヘビー」だ。ファルコン・ヘビーはこれまでのファルコン・シリーズ（ファルコン1、9）と同様に液体酸素とケロシンを使った2段式ロケット構造だが、1段目ロケットを両側から挟むようにファルコン9の1段目が2体並んで補助ロケットとなっている。言ってみれば、3機のファルコン9が束になったロケットだ。

ファルコン9はマーリン・エンジンを9基クラスター化し1段目ロケットとしているので、このファルコン・ヘビーは27基のマーリン・エンジンが搭載されて、低軌道へのペイロードは

スペースX社の「ファルコン・ヘビー」
© Bloomberg via Getty Images

ファルコン9の三倍以上の53tが可能な設計になっている。

しかも、推進剤（燃料と酸化剤）はクロスフィード方式でエンジンに供給される。クロスフィード方式の仕組みはこうだ。初めは、本体の両側に備えた補助ロケット2体に搭載した推進剤を、1段目のメインロケットと2体の補助ロケットに供給し、三つのロケットエンジンが同時に100%の出力で上昇していく。その後、補助ロケットが離脱すると、1段目のメインロケットに搭載していた推進剤がこのメインエンジンに供給され、100%の出力を維持して飛び続けるという仕組みだ。推進剤クロスフィード方式を使うと、より大きい打ち上げ性能を得られる利点がある。

似た形態のデルタIVヘビー（設計はボーイング社、製造はユナイテッド・ローンチ・アライアンス社）

デルタIVヘビーの構造
（ボーイング社設計、ユナイテッド・ローンチ・アライアンス社製造）

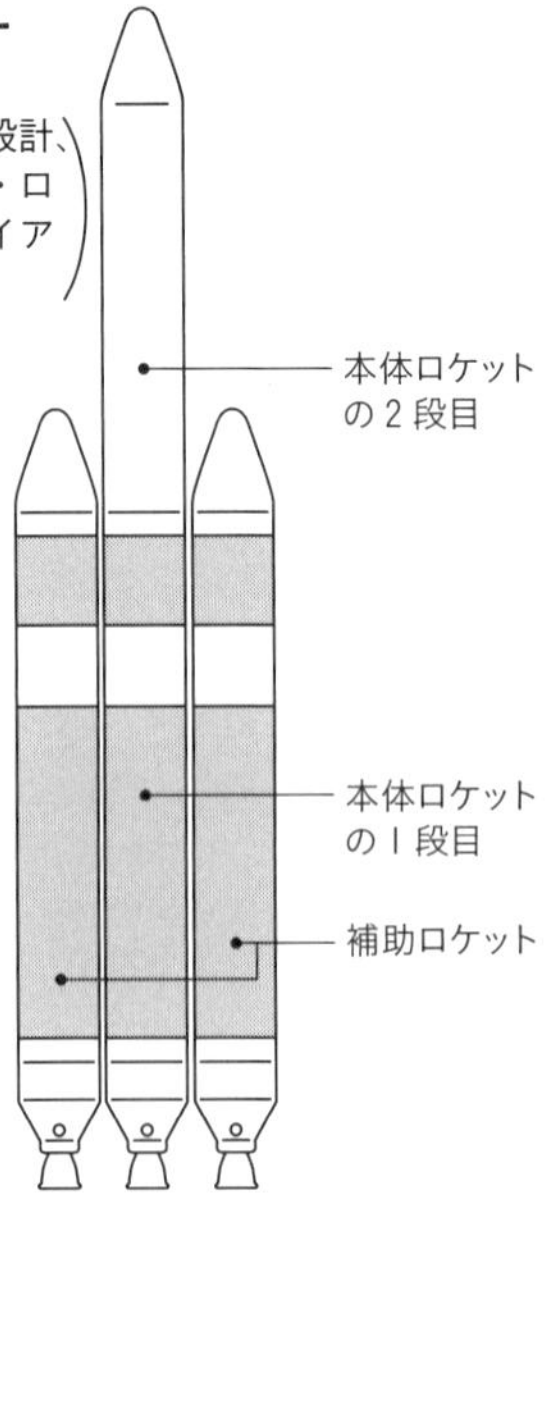

と比較するとよくわかる。

デルタⅣヘビーも、本体ロケットと補助ロケット2体の3体構成だが、推進剤は、それぞれの機体に積んだタンクからそれぞれのエンジンに供給される。1段目では補助ロケット2体は出力100%で噴射するが、本体ロケットエンジンは出力を約50%に絞って飛行する。そして、補助ロケット2体が離脱後に、本体エンジンの出力を100%に上げる飛行するという設計だ。

その結果、デルタⅣヘビーの低軌道へのペイロードが23tであるのに対し、推進剤がクロスフィード方式で供給されるファルコン・ヘビーは倍以上の53tになる。しかし、クロスフィード方式の採用は史上初でビッグ・チャレンジだ。

ロケットエンジンそのものも、さらなる進化を遂げている。ファルコン・ヘビーに搭載するマーリン・エンジンは1Cから改良したマーリン1Dになり、真空中推力は480kNから720kNへ大きくアップし、推力重量比は96から150へと50%以上向上した。27基のマーリン1Dエンジンが全質量1400tの機体を宇宙に押し上げる。

ところで、地球以外の惑星に住む、つまり、「マルチプラネット」という考えは、「何も突飛なことではない」とイーロンは平然と語っている。そもそも、生物は海から生まれ、その後、川に上り、陸地に進出し、やがて人間が誕生した。その人間が、今度は地球以外の惑星に移り暮らすことは、絵空事ではなく、むしろ宿命ではないかと彼は信じている。火星への重要なマイルストーン（里程標）となるファルコン・ヘビーの打ち上げは２０１４年を予定している。

中国の病巣と限界

イーロンは、「なぜ、アメリカは中国に打ち勝つことができるか」という刺激的なメッセージを２０１１年に出し話題を呼んだ。

アメリカは安い中国製品であふれている。メイド・イン・アメリカは残念ながら、あらゆる製品分野で中国製に価格で太刀打ちできなくなっている。だが、イーロンたちスペースX社は、中国よりも打ち上げコストの安いロケットをファルコンで鮮やかに実現してみせた。「これはアメリカのイノベーション（技術革新）が海外の安い労働コストに打ち勝ったことを示している」とイーロンは自信をアピールした。

彼自身、中国の急速な経済発展は認めつつも、しかし、「アメリカの自由な企業活動こそが、アメリカをイノベーション超大国であり続けさせる」と述べている。中国共産党が利権を握り、国民への情報を操作する一党独裁の国家では、党の都合で価値観は変わる。それでは本物のイノベーションは生まれてこない。中国共産党幹部の底なしの不正蓄財と賄賂《わいろ》行政が横行していては、真面目に働く中国人たちは馬鹿を見るだけだ。

マサチューセッツ工科大学のダロン・アセモグル教授たちが書いた「国家はなぜ衰退するのか」という著書は興味深い指摘をしている。豊かな国と貧しい国の差ができるのは、経済制度が大きな役割を果たしているとの主張だ。貧しい国では、権力者が国民の利益を食い物にする「収奪的」な経済制度がある。一方、豊かな国は、自由で公平で、開放的な経済制度があると分析している。

著書によると、中国は中国共産党が民衆の利益を吸い取る収奪的な経済制度であり、つかの間の成長はあるが、持続可能ではない。さらに、経済制度を決めるのは、その国の政治制度である。一時的に豊かな経済を作り上げたとしても、民主的な法支配や政権が交代し得る制度がなければ、経済の繁栄は一時的なもので終わってしまうと主張している。

だからといって、民主主義が最高の制度というわけでもないだろう。イギリスの首相だったウインストン・チャーチルは民主主義について「民主主義は最悪の政治形態と言われてきた。ただし、これまでに試されたすべての形態を別にすればの話である」と彼独特の皮肉な表現で述べていた。民主主義は現在のところ、ベストではないが他の政治制度よりはまし、だということだ。

イーロン・マスクは過去や権力に縛られず、自由な発想で自由な企業活動ができると信じたから、若き日、アパルトヘイト（人種隔離政策）制度にしがみついていた母国南アフリカを飛び出てアメリカに渡った。そして、独創的なアイデアで宇宙ロケット開発に挑んでいる。何より、イーロンは単なる金儲《もう》けでロケットを作っているんじゃない。人類の未来を築くためにやっている。

NASAからのお墨付き

NASA（アメリカ航空宇宙局）は、どうこう言っても堅く真面目な役所であることは間違いない。そこで、「スペースX社は本当に安くロケットを作れるのか？」という現実的な疑問にも真面目に挑んでいた。そして、2011年4月、スペースX社のファルコンのコストに関する報告を公表し業界に波風を立てた。

NASAによるコスト評価手法は、過去130回に及ぶ彼らの飛行実績のデータベースに基づくコスト試算ツールを用いたもので、膨大な数の部品に加え、製造方法や技術管理のやり方、テスト手法など多岐にわたるものだった。

その結果、NASAがもし、これまで続けてきたNASA流の伝統的なやり方でファルコン9を開発したなら開発コストには約40億ドル（約4千億円）が必要であると結論付けた。

さらに、従来のNASA流から一歩進んで、民間企業的なコスト意識を持ったアプローチを盛り込んで取り組んだとしても、17億ドル（約1700億円）は必要だと報告している。

一方のイーロンたちスペースX社はどうだったか。過去にとらわれず野心的なスペースX社の技術者たちは、ファルコン9を開発コスト3億ドル（約300億円）で設計し終えた。

さらに、ファルコン1は9千万ドル（約90億円）で開発し、両方合わせても3億9千万ドル（約390億円）だ。これは、NASAの伝統的な開発手法の何と約10分の1の金額である。

スペースX社は、NASAよりも衝撃的なほど安く宇宙ロケットを作ることを証明した。イーロンが言い続けた「10分の1の金額でロケットを作る」という言葉は、いみじくもNASAによって裏付けられた。

ヘンリー・フォードとの共通点

以前、イーロンはアメリカ上院委員会で「ユーザー需要があれば、軌道まで運搬するペイロードの価格重量比は1ポンド（0・45kg）当たり500ドル以下にすることは極めて実現可能です」と公言していた。しかも、「再利用可能なロケットにすれば、1ポンド当たり100ドルも可能だ」と過激なメッセージを発した。

ヘンリー・フォードが自動車を量産化して製造コストを引き下げたように、イーロンはロケットを量産化してコストを劇的に引き下げようと奮闘している。

自動車王ヘンリー・フォードは、それまで1台ずつの手作り状態だった自動車を、流れ作業を取り入れ量産化することで、価格を大きく引き下げ、自動車を大衆化し自動車の世紀を築いた。まだ自動車が、富裕層が持つ贅沢《ぜいたく》品で、製造作業工程は手作りと言ってよく、価格が3千ドル以上もしていた1900年初頭のことだ。ヘンリー・フォードは、部品の互換性を重視し、コンベアーでの流れ作業で自動車組立を行うことで、大衆向けのT型フォードを量産し、850ドルの低価格で1908年に売り出した。この年の米国の自動車の平均販売価格は2129ドルで、T型フォードと同クラスの自動車でも1千ドルは超える価格だったため、T型フォードが大人気となったのは当然だろう。人気があり過ぎて3カ月分のバックオーダーを抱え、仕方なく受注停止に踏み切ったことまであった。

かくして、1908年当時、約12万台だった米国自動車市場の規模は、15年後の1924

年には約320万台に急伸し、モデルTの市場シェアは60%を超えていた。T型フォードは累計では約1500万台が生産され、自動車大国アメリカの礎を築いた。以降、自動車業界の歴史を振り返ると、最新技術の導入とコストダウンの二本柱で産業拡大の道を進んできたことがわかる。

イーロン・マスクはロケット業界に量産化の考えを持ち込み、コモディティ(汎用品《はんよう》)化を図った。パソコンや自動車で当たり前にやっているやり方だ。スペースX社が使うエンジンはマーリン・エンジン、たった一種類だ。それによって部品コストや製造コストを大きく下げることが可能となった。

最初のファルコン1で利用したマーリン・エンジンの失敗を分析し、改良を重ねた上に、エンジンの搭載数を増やすことで推力を一気に増強し、ファルコン9を、そしてファルコン・ヘビーに展開していくイーロンたちのロケット開発方法は、技術開発手法としてだけでなく、経済合理性でも理にかなったものだ。

普通の人が乗る宇宙ロケット

「もしも、火星までのコストが大幅に削減され、50万ドル(約5千万円)になったら非常に多くの人が火星行きのチケットを買うだろう。すでに地球上には70億人の人類が住んでいる。今世紀の半ばまでで80億人になるだろう。１００万人にひとりが行こうと決めれば、それだけで8千人になる」とイーロンは夢を語った。

そして火星に行くのは、何も選りすぐられ、特殊な訓練を受けた数人の宇宙飛行士たちだけはない。かつて、ヨーロッパから新大陸を目指して、まず最初に船出したのはコロンブスなど命知らずの冒険家だった。新大陸は本当にあるのか？　実際に辿《たど》り着けるのか？　誰も成し遂げたことのない、死と背中合わせの大冒険だった。

しかし、実際に新大陸を見付け、船で辿り着けるとわかったその後に続いたのは、〝冒険〟でなく、〝移住〟を目的にメイフラワー号に乗り込んだ普通の農民や労働者だった。

アップル社のスティーブ・ジョブズは、普通の人が使えるコンピュータを目指しマッキントッシュを生み出し、世界を変えた。イーロンは普通の人が乗るロケットを目指し、地球以外の惑星移住を可能にしようとしている。

火星への道のりは簡単ではない。スペースX社は無人ロケットしかまだ打ち上げてはいないし、これから先で危機的な失敗をするかもしれない。アメリカ国内にもイーロンのやり方に批判的な連中は少なくない。強大な敵が手ぐすねを引いている。

強敵との攻防

「ユナイテッド・ローンチ・アライアンス社（ULA社）」は、ボーイング社とロッキード・マーチン社による合弁で2006年に設立されたスペースX社の強力なライバル企業だ。そもそもロッキード・マーチン社は、1995年にロッキード社とマーチン・マリエッタ社が合併してできた会社である。この時をもってロッキード社の歴史は幕を閉じたが、現在、ロッキード・マーチン社は世界的な軍需企業として年間約5兆円を売上げている。最近話題の最新鋭ステルス戦闘機F－22やF－35はロッキード・マーチン社が開発・製造している。

一方のボーイング社は世界最大の航空宇宙機器メーカーで、1916年に設立され、航空機DC－10などを作ったマクドネル・ダグラス社を1997年に買収した。元総理の田中角《たなかかく》栄《えい》が逮捕された「ロッキード事件」で、ロッキード社が新型航空機トライスターを売り込もうとした時のライバル機の一つがこのDC－10だった。ボーイング社は現在690億ドル（約6兆9千億円）を売上げ、沖縄の米軍基地騒動でニュースに何度も登場したあの垂直離着陸可能軍用機「オスプレイ」の製造にも関係している。

ロッキード・マーチン社とボーイング社という巨大な二つの軍需航空企業が2005年に

ユナイテッド・ローンチ・アライアンス社（ULA社）の設立を発表すると、イーロンたちスペースX社は「反トラスト法に違反する」と、眦《まなじり》を決して提訴に踏み切った。当然のことだろう。これを許せば、蟻《あり》と象の戦いになってしまう。

しかし、「アメリカの二大軍事請負企業が結託して作ったULA社は、ロケット打ち上げ市場の健全な競争を阻害する」としたスペースX社の主張に対し、国防総省も連邦取引委員会も、「反トラスト法に違反しない」とイーロンをがっかりさせる判決を出した。かくして巨象ULA社は2006年12月に操業スタートとなった。

ULA社のサイトを見ると、アトラスロケットとデルタで50年以上にわたり1300回以上の打ち上げ実績があると記載されている。ボーイング社とロッキード社の輝かしい宇宙ロケット業績をドンと打ち出し、新参者のスペースX社の前に立ちはだかっている。

「スペースX社など蹴《け》散らしてしまえ」といった雰囲気にULA社とその関係者たちは満ち満ちている。ロッキード・マーチン社で2013年初めまでCEO（最高経営責任者）を務めたロバート・スティーブンスは、ロッキード社とULA社の華々しい過去実績を、関係者が集まる朝食会で誇らしげに語っていた。それはスペースX社のファルコン9の成功などものの数でもないといった風情で「コストなんか気にしていない。もし、ロケット開発でコスト削減に熱中などしていたら、軌道に打ち上げる確率が下がるだけだ」とこき下ろし、イーロンの経営方針に真っ向から異議をぶつけた。

こんな頑固で手強い連中ともイーロンは戦わなくてはならない。ネットの世界で億万長者になっても「宇宙開発は、シリコンバレーで成功するのとはわけが違う」とばかりに、スペースX社の行く先を両手を広げて阻んでくる。

だが、イーロンは挑戦する価値があると確信している。南アフリカからカナダに渡り、アメリカに辿り着いた移民のイーロンは、アメリカ国民に向かいこう言っていた。

「アメリカは冒険者たちの国なんだ。人間の探究心が凝集された国なんだよ」。

宇宙でキャッシュは使えない

2001年に2千万ドル（約20億円）を使い、民間人として初めて国際宇宙ステーションに搭乗したデニス・ティトは、火星への飛行計画を進めるNPO団体「インスピレーション・マーズ財団」の創立者でもある。この財団は501日をかけて火星への往復を行うという。しかも、ロケット打ち上げは2018年とアグレッシブだ。

さらに、オランダのNPO「マーズ・ワン」も火星へ人類を送るという計画を掲げている。

特筆すべきは、マーズ・ワンの火星ミッションは、片道飛行だけで、火星で一生を終えるという大胆過ぎる内容だ。具体的には、2022年にロケットを打ち上げて、7カ月間をかけて火星に到達。そして、そのまま火星で生涯を終える。

この計画を発表し、2013年4月に応募者を世界中に募ったところ、わずか2週間程度で、何と7万8千人が応募してきたというから驚かされる。火星に興味を持っている人は、世界にこんなにいる。

すると、あのペイパル社からは、宇宙空間で買い物ができる「惑星間決裁システム」を提供したいと声が上がった。ペイパル社はイーロンが創業者のひとりで、スペースX社の設立軍資金はペイパル社をeBayに売却して手にしたカネで賄われたことはすでに述べた。

ペイパル社の現CEOデビット・マーカスは、「現時点ですべてが決定しているわけではないが、宇宙で現金が使えないことだけは明白だ」と語っている。そして「来年ではなく、今のタイミングが惑星間決裁システムの構想を始める時だ」と強烈な意欲を見せた。ペイパル社が実現できるかどうかは別にして、地球以外の惑星で生活をしたらと発想できることが重要なのだ。

アメリカのオバマ大統領は「2030年代に火星に宇宙飛行士を送り込む」と目標を掲げ

たが、民間人たちの意欲と情熱ははるかに先を行っている。これも、イーロンがスペースX社で成し遂げた実績が背中を押したことは間違いない。

価値あるお金の使い方

イーロンの唱えた「火星への移住」という言葉を聞いた時、アーノルド・シュワルツェネッガーが主演したハリウッド映画「トータル・リコール」を思い浮かべた人もいるかもしれない。1990年に公開されたこの映画は火星が舞台だ。

利権を独占するエネルギー採掘会社の火星支配と、それに対し、自由と解放を叫ぶ人民との紛争の社会が描かれている。採掘会社の総督にして独裁者・コーヘイゲンを、シュワルツェネッガー扮する主人公が倒し、火星に自由がもたらされるストーリーだ。

今から何十年か経った時、この映画「トータル・リコール」のように、人類が火星に住む日が来るのではないか。イーロンの型破りな行動力と不屈の意思を見ると、映画の中の物語ではなく、それが現実に起こる情景に想いを馳《は》せてしまう。もちろん、それは独裁者が支配する世界ではなく、自由で民主的な社会であることは言うまでもない。

それにしても、舞台が火星であろうとどこであろうと、人がカネと権力に執着することで物語は動きだし、騒動が巻き起こるのは世の習いだ。カネは何とも厄介な性質を秘めている。人は大金を手にするとコロッと心変わりして、当初の志などどこかに置き忘れてしまう。いつしか、カネに使われ振り回され、挙げ句に、カネを増やすことだけが目的になり下がり、道を誤る人が多い。

しかし、イーロン・マスクは奇跡的に、お金に振り回されないための〝取扱説明書〟を持っていたようだ。「相手が何を大切にしているかを考え、それを形にできれば、相手は喜んでお金を支払う。お金は私たちの社会の必要なところへ流れていくんです」とお金の真理を示唆していた。彼はカネを増やすことに知恵を使うのではなく、カネの使い道に知恵を使った。

もし、イーロンが金儲けを目的にロケット開発をしていたら、ファルコンは飛び上がれなかっただろう。そもそも、リスクの高過ぎるロケット事業などに手を染めることはなかったはずだ。カネをためるのはなるほど難しいが、もっと難しいのは、ためたカネをどう使うかの方である。

イーロンは、「私に十分な資金力があるなら、人類を火星に送る宇宙ロケット開発こそまさしく価値あるお金の使い方なんだ。たとえ、儲けが見込めなくても」と腹をくっていた。

だから、たび重なる打ち上げ失敗でも歯を食いしばって耐えられたのだろう。

高速充電ステーション

イーロン・マスクの発言と行動はいつも世間の注目を集める。2013年5月、イーロンは電気自動車用の高速充電ステーション「スーパーチャージャー・ステーション」を全米に大きく展開する計画を発表し、またまた全米の注目を集めた。現時点では、西海岸ではカリフォルニア州とネバダ州や、東海岸ではワシントンDCからボストンにかけて23カ所で設置されているスーパーチャージャー・ステーションは、道路沿いのショッピングセンターやレストラン、カフェなど商業設備に隣接した便利な場所にある。つまり、充電をしている間に食事や買い物を済ませることができるというわけだ。

2013年末までには、西海岸から東海岸までの主要な都市をつないで大陸横断ができるようにし、2014年では北米の人口の80%の都市をカバーすると公式発表した。イーロンは「重要なことは、運転時間と停止時間の割合を7対1から6対1程度にすることなんですよ。3時間運転しては20~30分の休憩は取りたいものだし。もし、朝9時に出発したら昼には休憩し、お腹に何か入れ、トイレに行き、コーヒーを飲んで出発するといった感じです」

と2013年2月のTEDカンファレンスで語っていた。ちなみに、TEDカンファレンスとはアメリカのロングビーチで開催され、世界の様々な分野で活躍する著名人がプレゼンテーションを行う有名なイベントだ。

さて、電気自動車の弱点だった長距離ドライブは、スーパーチャージャー・ステーションが全米に設置されれば、確実に実現可能となる。さらに2015年には北米の人口の98%に設置数を上げようとイーロンは格闘している。

「スーパーチャージャー」は90kWの高速充電が直流で行われる。テスラ・モデルSの85kWh型は標準でこのスーパーチャージャー

テスラ社のEVカー用高速充電所「スーパーチャージャー・ステーション」
© Getty Images

ジャーに対応していて、30分の充電時間で200マイル（320km）の走行が可能だ。さらに、120kWhの高速充電サービスも視野に入れていて、これなら20分の充電で3時間半の運転が可能となる予定だ。なお、スーパーチャージャーはモデルSの85kWh型では標準装備だが、モデルSの60kWh型は別オプションになっている。

成功のレシピ

ビジネス界の成功例には学ぶ点が多くある。アップル社がiPodをメガヒットにできたのは、iPod単体の製品性能が優れていただけでなく、iTunesミュージックストア（iTMS）という音楽界の常識を打ち破った音楽配信サービスがあったからこそだった。iTMSは、レコード会社の反対を押し切り、一曲ごとの楽曲バラ売りを可能にした。しかも、どの曲も99セント均一で、小遣いの少ない学生でも至って買いやすくなった。人気のある楽曲を、レコードCD会社の枠を超えて数多く集めて豊富な品揃えにし、レコードCDショップからでなくネットでいつでも音楽が手に入る環境を生み出した。これがジョブズの「成功のレシピ」だった。

スティーブ・ジョブズがもし、iPodの製品性能だけに目が奪われていたら、iPod

はマックユーザーだけしか知らない残念なアクセサリー製品で終わっていただろう。

アップル社はiTMSを通じて販売した楽曲売上の3割を手にした。しかし、99セントの3割では30セント、つまりたった30円程度の〝ハシタ金〟に過ぎない。大半の専門家たちは「アップルがテラ銭商売をして、それが何になる」と批判し、当時、利益が上がらず四苦八苦していたアップル社とiTMSの将来を悲観視した。

しかし、ふたを開けてみれば、驚異的なダウンロード数を打ち立て、アップル社の収益を劇的に改善し、エクセレント・カンパニーへ変貌させた。アップル社のエコシステムは成功例としてビジネス書で多く取り上げられている。

21世紀のビジネス競争では、単品の性能を高めるだけで勝利を掴《つか》むことは難しい。全体を取り込んだ便利で使いやすいシステムを生み出すことが成功の秘訣である。

イーロンは車についてこう語っていた。「人は車を購入する時、実は自由を買っているのだ。つまり、いつでも、どこへでも自分の行きたいところへ行くことができる。でも、電気自動車の充電に時間がかかってしまうと、たとえば、全米横断旅行のような遠出はできない。短時間で充電できるスーパーチャージャーを開発した理由はそのためだ」。

イーロンがカッコいい電気自動車を作っただけで満足するのではなく、スーパーチャージャーという高速充電ネットワークも提供しなければ本当の意味での成功はないと考えたのはことのほか慧眼《けいがん》であった。

充電時間をもっと短く

電気自動車の充電に20〜30分の時間がかかるのも待っていられないという人も出てくるかもしれない。もっと短縮できないか？

そこでイーロンは次の手も打っていた。バッテリーの丸ごと交換だ。バッテリー丸ごとの交換ならかかる時間は90秒ちょっとだ。これならガソリン車が給油する半分の時間でテスラ・モデルSのバッテリー交換が完了する。バッテリー丸ごと交換ができる充電ステーションも増やしていく考えだ。

ところで、イーロンが進めている高速充電「スーパーチャージャー」で使用している規格は、GMやクライスラーなどが採用を決めたアメリカ・SAEの充電規格SAE J1772の改訂版「コンボコネクター」とも違うし、日本の自動車メーカーの規格「CHAdeMO（チャデモ）方式」とも異なる。

イーロンは自分たち電気自動車メーカーとして、最善のやり方で世界を救おうと取り組んでいる。一方、世界中の大手自動車メーカーはどこもがガソリン車が事業の中心で〝本業〟だ。ガソリン車の販売に悪影響を及ぼさないよう細心の注意を払いながら、いわば、〝副業〟として電気自動車開発は行っている。だからこそ、「伝統的な自動車業界からは21世紀に最適な自動車は生まれない」とイーロンが考えてもおかしくはなかった。20世紀を自動車の時代として築いたGMの歴史はそのことを教えてくれる。

GMの光と影をここで話しておきたい。

GMは1996年にEV1という電気自動車を開発していた。第一世代のEV1は1回の充電で80㎞程度しか走れなかったが、改良を加え1998年に登場した第二世代

GMの電気自動車「EV1」　© Popular Science via Getty Images

では200㎞を超える航続距離を実現した。0–100㎞の加速スピードは約8秒で、十分な走行性能を打ち出し、時速300㎞まで設計上は可能になっていた。通勤や買い物目的に使うコミューターとしては申し分のない仕上がりになっていた。何より当時充電コストは、ガソリンの10分の1と安いことが魅力だった。

GMの栄光と衰退

ただ、EV1の最大の難点は、コストが非常に高かったことだ。そこでGMはユーザーに販売するのではなく、リースすることにした。具体的には月額299ドルから574ドルで、市場の反応は極めて良好だった。

GMが電気自動車EV1を開発した背景には、自動車からの排気ガスをゼロにしようとするカリフォルニア州のゼロ・エミッション法(ZEV法)があった。

ZEV法を受けてGMが取った行動は二つだった。その一つが排ガスを出さない電気自動車EV1の開発であり、もう一つはZEV法を、ロビーイスト活動で政治家を使い骨抜きにすることだった。政治家を使うこの手法は、1975年頃からGMを初めビッグスリーが日本自動車メーカーに対して行った「日本車叩き」と同じ構図だ。

さて、EV1を開発していた技術者たちは懸命に打ち込んでいたが、2000年にジョージ・ブッシュ大統領が登場すると排ガス規制は実効性を失った。石油会社の支持と石油利権で大統領選挙を勝ち抜いたジョージ・ブッシュは京都議定書にサインしなかったことを思い出してほしい。地球温暖化に背を向けた大統領のもとで、GMは電気自動車の開発を喜んで中止した。

市場に出ていたEV1をGMは回収し、スクラップし解体した。まるで醜悪なる過去を消し去りたいかのように。

電気自動車が売れ過ぎると本家本元のガソリン車が売れなくなり、石油会社は致命傷となる。石油メジャーと、既存のガソリン車を売りたいGM中枢との利害が一致してEV1は抹殺されたと見る人は少なくない。

「誰が電気自動車を殺したか?(邦題)」という映画ではEV1の顛末《てんまつ》が取り上げられている。開発、製造コストがかかり過ぎたことや、走行性能がガソリン車と比べまだまだ劣っていた点などから、GMは合理的な判断でEV1の中止を決めたという意見もある。しかし、もしGMがEV1開発をあのまま続けていたら、2009年に経営破綻《はたん》することもなく、それどころか今頃は、世界一の電気自動車メーカーになっていたかもしれない。それだけの技術力がGMにはあったのだ。

残念ながら今や「GM」は、保守的で変化に対応できないダメ企業の代名詞となってしまった。ところが、もともとは先進的な開発に挑戦する野心的な自動車メーカーだったことも付け加えておこう。

たとえば、水冷V型8気筒エンジンを初めて量産したのはGMだった。また、安全ガラスを採用したり、フロントサスペンションやフル・オートマチック・トランスミッションもどこよりも早く作り上げたGMは、燃料電池車を初めて作ったメーカーでもあった。

自動車分野以外にもGMは意欲的に手を伸ばしていた。第二次世界大戦前には鉄道用の2ストローク・ディーゼルを手掛け、宇宙時代が到来するとアポロ11号のナビゲーションシステムや、アポロ15号が搭載した月面走行車もGMが開発したことなど、ほとんど知られていない。

ところが、いつしか〝大企業病〟がはびこり、重くて決められない会社となった。GMの幹部だったジョン・デロリアンへのインタビュー記録として話題となった『晴れた日にはGMが見える（邦題）』には、硬直しきって変化に対応しない経営幹部の傲慢で哀れな実態が克明に写し出されていた。

自動車業界は、石油資本と固く結びついた巨大利権を握る強欲な圧力団体であり、イーロンが戦っている相手の実態だ。単にガソリン車との性能競争をしていると見てしまっては全体像が見失われる。

21世紀のガソリンスタンド

テスラ・モーターズは、電気自動車しか作っていない世界でただ一つの自動車メーカーだ。だから、電気自動車にとって最良のことを選択する。既存のガソリン車の都合を優先して、未来の電気自動車の規格や可能性を決めてもらってはかなわない。そもそも、イーロンは自動車会社で働いたことはないし、ガソリン車を作りたいと思ったこともない。

しかし、彼は、インターネットを通してイノベーションのあり方を体験し、誰よりも学んでいた。だから、こんなこと言っていた。「本当のイノベーションは、まったく別の分野からやってくる」。自動車業界では新参者のイーロン・マスクだからできることがある。スペースX社でも従来のロケット作りとはまったく違うやり方でコストを大幅に引き下げ、成功させたことが証左だ。

さて、一般的に、電気自動車の充電ステーションで充電に使う電気は、地元の電力会社から電力供給を受ける構図になっている。しかし、イーロンは、個々の充電ステーション「スーパーチャージャー・ステーション」に太陽光パネルを設置し、太陽光で発電した電気をテスラ車に充電するインフラ形態を作ろうとしている。

アメリカは日本より電力の自由化が大幅に進んでいるし、売電事業も市民権を得ている。スーパーチャージャー・ステーションで電気自動車の充電に使われず余った電力は、電気事業者に売却し、収益を得ることも可能となる。そうなると、自動車に「燃料」を補充する〝ガソリンスタンド〟のビジネスモデルは様変わりする。

今のガソリンスタンドは、遠路はるばるやってきた大型タンクローリーが供給するガソリンを売ることで何十年も商売をしてきた。だが、この感覚を引きずって電気自動車用の充電ステーションを捉《とら》えていては、ブレークスルーは永遠にやってこない。

もし、電気自動車の充電ステーションが、充電ではなく太陽光発電で収益を上げることができれば、「やってみたい」と事業に手を挙げる人たちも増えるだろう。日本を見ると、ガソリンスタンドの「2013年問題」が取りざたされた。2011年施行の改正消防法で、40年以上経った燃料用地下タンクに漏れ防止の改修義務が課されたのである。改修には相当な費用がかかり、その結果、予想以上の数のガソリンスタンドが廃業を決め、社会問題化した。過疎地ではガソリンを入れるスタンドがなくて住民たちは困っている状態だ。変化が起きているのはアメリカだけでない。

イーロンのスーパーチャージャー・ステーションを全米展開するには巨額の資金が必要で、簡単ではない。しかし、やるだけの価値はある。彼の構想が実現し、電気自動車の充電ステーションが身近なところに数多くあり、しかも充電が無料でできるとしたら、どうだろう。電気自動車に対する我々の固定観念は大きく覆る。イギリスBBCの「Top《トップ》 Gear《ギア》」の批判が、時代遅れのバカバカしいものに見える日が来るだろう。

太陽光発電で電気を充電ステーションに供給する場合、この太陽光発電パネルの設置は「ソーラーシティー社」が携わる。ソーラーシティー社はイーロンが出資するもう一つの会社で、設立したのはイーロンの従兄弟《いとこ》リンドン・リーブだ。2人は母親同士が双子の姉妹という関係にあり、リンドンは水中ホッケーの南アフリカ代表選手だった。その彼がなぜ太陽光発電ビジネスを行うようになったのか?

カリフォルニアに恋をして

リンドン・リーブは、南アフリカ共和国のプレトリアで育ち、上に兄2人と下に妹がいる。

リンドンはどうも二つの才能に恵まれていたようだ。

一つ目はビジネスの分野で、17歳の時には健康食品を販売するビジネスをすでに手がけるほどだった。ところが、仕事が忙しくなり過ぎて高校の授業にはほとんど出席せず、退学寸前になりかけた。この危機を救ったのは校長先生で、その温情と計らいで何とか卒業することができた。

リンドンの二つ目の才能はスポーツだった。特に、水中ホッケーでは非凡な才能を発揮し、南アフリカで名を馳せた。水中ホッケーとは、プールの中で二つのチームで戦うスポーツで、プールの底でパックをゴールにどれだけ多く入れるかを競うユニークな競技だ。水中メガネをつけ、足には足ヒレ、シュノーケル、短いホッケースティックのような「プッシャー」を手に持ってパックを打撃する。イングランド発祥の水中スポーツだが、日本ではまだまだなじみは薄い。

さて、1998年、水中ホッケー世界選手権の南アフリカ代表に選ばれたリンドンは初めて、アメリカはサンノゼの地を踏んだ。スポーツマンで活動的なリンドンは、太陽が燦々《さんさん》とふりそそぐカリフォルニアが大好きになり、好きになり過ぎてアメリカに移り住むことを決意した。そして、兄のラッセル・リーブとともにエバードリームという会社を創業してしまう。この会社は、遠隔操作でコンピュータのメンテナンスを行うソフトウエア開発を行っていた。兄ラッセルはこの時すでにシリコンバレーで働いていた。さらにもうひとりの兄ピーターもエバードリーム社に加わってビジネスを展開していくことになった。ピーターもソフトウエアエンジニアである。

エバードリーム社の事業はそこそこうまくいっていたが、それでも長期的な観点から考えると限界があると感じたリンドンは、会社をデルコンピュータ社に売却することを決断した。

ところで、リンドンが太陽光発電に興味を持つきっかけは、2004年に行われた「バーニングマン・フェスティバル」という奇抜で野性的なイベントに参加するため、イーロンと砂漠を車でドライブしている時に訪れた。バーニングマン・フェスティバルとは、日常生活から切り離された砂漠地帯で、初めて出会った参加者たち同士が約1週間共同生活を営むイベントだ。その間、互いに助け合いながら、彫刻や絵画など奇抜で独創的な自己表現をしたりして自分と向き合い、また新たな自分と出会うきっかけにもなるワイルドなイベントだ。

このフェスティバルに向かう車の中で、太陽光エネルギーについて、ビジネス機会を調査してみたらどうかというアドバイスをイーロンから受けたことがソーラーシティー社を設立するきっかけだった。

その2年後のアメリカ独立記念日の7月4日、リンドンはソーラーシティー社を立ち上げ、化石燃料からの脱却を公に掲げた。そしてイーロンはこの会社の会長となった。

何といってもイーロンは太陽の力の信奉者だ。「ほとんどの人は意識していないけど、世界は太陽エネルギーで動いているんだよね。もし、太陽がなかったら、地球は絶対温度3度(マイナス270度)の凍った世界になってしまうし、水が循環するのも太陽の力によって。生態系全体が太陽エネルギーで動いている」とイーロンは力説する。

住宅の屋根を発電所に

ソーラーシティー社は太陽光発電パネルを開発製造しているのではない。一般住宅や企業などの屋上に太陽光パネルを設置し、顧客が支払う電力料金を安くすることを謳《うた》っている。つまり、一般家庭の屋根を〝発電所〟にして、地域を独占していた電力会社支配と二酸化炭素排出からの脱却を掲げている。

太陽光発電市場を見ると、高価な太陽光システムを現金で購入できる顧客層は限られている。そこで、リンドンたちソーラーシティー社は、リースで太陽光パネルが購入できるビジネスモデルに着目し、いち早く市場をリードした。リースなので、太陽光パネルの設置費用は無料で、リース期間は20年間だ。それだけでなく、住宅内の電気使用量を監視する付加価値サービスも展開している。もちろん、パネルの買い取りも可能だ。

ところで、リースモデルを立ち上げるには、まずは、巨額のリース資金源を準備しておくことが欠かせなかった。そこで、USバンコープやバンク・オブ・アメリカなどから合計17億ドル（約1700億円）のデカい資金をリンドンはかき集めることに成功した。そこには、再生可能エネルギーへの期待値はもちろんだが、億万長者でスペースX社とテスラ・モーターズを率いるイーロン・マスクの存在があったことは言うまでもない。実際、リンドンは様々な局面でイーロンからアドバイスを受けていた。

それにしても、太陽光発電事業は簡単ではない。参入しても業績が振るわず破綻した企業も少なくない。

たとえば、ソリンドラ社だ。2005年創業でカリフォルニア州に拠点を置くベンチャー企業で、蛍光管ぐらいの大きさの円筒状太陽光パネルを開発した。これは、直射日光だけでなく、散乱光なども集光する360度対応型の太陽光パネルで発電効率が高く、設置しやすいことが特徴だった。日本でも正規販売代理店を置き、大阪大学の先端科学イノベーションセンターと産学連携のプロジェクトを進めていた。アメリカのエネルギー省は5億3500万ドルの融資保証をこのソリンドラ社に実施し、2011年5月にはオバマ大統領が会社を訪問してアメリカ政府の支援ぶりをアピールするほど期待されていた。

ところが、中国の低コストのパネルメーカーとの価格競争に敗れ、そのわずか4カ月後、2011年9月6日に経営破綻した。負債額は7億8380万ドルに上った。欧州でも同様で、中国製の低価格パネルに欧州企業が次々と破れ、国のエコ補助金などが結局中国企業に流れただけという問題が続出し、大きなニュースとなった。

成長性が期待できる一方で浮き沈みが激しいのが太陽光発電業界の特徴だ。

そんな環境下で、ソーラーシティー社は「ソーラー・ストロング・プロジェクト」を2011年に打ち出した。このプロジェクトは、全米12万戸の軍用住宅へ10億ドルを投じて、最高300MWのソーラーパネルを設置し、公共電力よりも安い価格でソーラー電力を提供するという5年がかりの計画である。これが完成するとアメリカ史上最大規模のものとなる。また、検索最大手のグーグル社は2億8千万ドル（約280億円）の投資をソーラーシティー社に行っており、その期待の高さをうかがわせる。

そして2012年12月、ソーラーシティー社は創業6年で株式上場に成功した。リンドン・リーブもクリーンエネルギーで地球を救おうとする野心溢れる起業家のひとりである。

8章

運命――地球を救え

黒字になってこそできること

思い返すとイーロン・マスクがテスラ・モーターズに出資した時、一つの信念を抱いていた。「太陽光発電とともに電気自動車を普及させることは、この地球を石油依存から脱却させ、気候変動に対処し、火星への移住を実現する時間を稼ぎ出すことになる」。電気自動車も太陽光発電も、火星へ人類を移住させるという途方もなく大きな計画の一里塚であった。だから、一里塚はしっかりとしたものにしていかなくてはならない。

2003年の創業以来赤字続きだったテスラ社は、2013年の1〜3月期に初めて四半期ベースで黒字を成し遂げた。売上高が5億6200万ドル（約562億円）で前年比83%アップ、利益は1100万ドル（約11億円）。黒字の源泉はモデルSであり、モデルSの販売台数はライバル車のメルセデス・ベンツ社のSシリーズやBMWの7シリーズを上回り、業界関係者を驚かせた。

会社設立から10年目にしての快挙である。ここまで辛抱し我慢を続けたお客さんと投資家たちへの感謝をイーロンはツイッターで伝え、こう結んでいた。

「あなた方がいなければ、今我々はここにいない」。

一つの企業を一人前に育てるには世の人々の支えがなくてはならないことを痛感する。続く4〜6月期、テスラ社は3050万ドル（約31億円）の赤字だったが、モデルSの販売台数は当初計画の4500台を超えて5150台となり、売上高は前年同期の15倍の約4億514万ドルを稼いだ。一株当たりの損益は0・26ドルの赤字なのだが、この四半期で政府からの公的資金を返済しており、この特殊事情を差し引くと、最終損益は2628万ドル（約26億円）の黒字となっていた。一株当たりの損益では0・20セントの黒字だ。アナリストの予想を上回る数値で、この日のテスラ社の終値は一時15%を超える値上がりとなり沸き立った。

国からの借金はとっとと返す

テスラ社がアメリカ・エネルギー省から低金利融資ATVMプログラムで手にした4億ドル（約400億円）を超える資金は、モデルSの開発に使われた。

ところで、エネルギー省がATVMプログラムで融資した総額80億ドルは、フォード社や日産自動車以外に、プラグインハイブリッド車のベンチャー企業・フィスカー社にも渡っていて、その額は1億9200万ドル（192億円）だった。しかし、フィスカー社はその後経営に行き詰まり身動きが取れなくなった。

このフィスカー社の経営不振がきっかけとなり、2013年4月には公聴会が開かれ、そこで共和党議員は公的資金をフィスカー社に注入したとしてオバマ政権を批判するという一幕があった。

それから1カ月後の5月22日、テスラ社は政府から借りていた4億ドル（約400億円）を超える融資を全額返済したと発表し、マスコミを騒がせた。なぜなら返却期限を9年も前倒しをしての返済だったからだ。

一方で59億ドル（約5900億円）も借り入れているフォード社は、「融資条件を順守するが、返済を急ぐつもりはない」と一旦手にした金は、一日でも長く手元に置いておきたい魂胆が透けて見えるコメントをマスコミに流していた。

なぜイーロンはこんなに早く返済したのか。「納税者からの資金援助を受け入れたからには、可能な限り早く返済する義務があると私は考える」と彼は説明した。そしてこう付け加えた。「もし、景気情勢だけを考えたのであれば、この返済はしなかった」。これをポーズと見るか、本心と捉《とら》えるか意見は分かれる。しかし、納税者たちはイーロンに拍手喝采《かっさい》を送った。イーロン・マスクの最大のサポーターは、大衆だ。

売れる性能、売れるデザイン

テスラ・モーターズの売上は、電気自動車の製造・販売だけではない。それ以外に、バッテリー、インバーター、電気モーターなど電気自動車の動力中枢となる「パワートレイン」を他の自動車メーカーに販売する事業も行っている。

たとえば、トヨタ自動車の小型SUV(スポーツ多目的車)「RAV4」をベースに電気自動車化したバージョン「RAV4EV」は、アメリカで2012年から販売を開始した。テスラ社とトヨタ自動車のコラボにより開発期間22カ月で作り上げた100%電気で走るSUV車だ。RAV4の設計変更箇所は必要最小限に抑えつつ、足元にはテスラ社からのリチウムバッテリーパックを配置させ、最大出力156psを実現している。使用したパワートレインはテスラ・モデルSで搭載したものが元になっていた。

テスラ社のパワートレイン装置の外部販売は、2013年上半期では約276万ドル(2億7600万円)を売上げている。

さらに、カリフォルニア州の排ガス規制(ZEV)に基づき、ZEV対応車を必要な割合だけ販売できていない他の自動車メーカーに、テスラ社は「環境クレジット」を販売することもできる。この売上は2013年上半期で1011万ドル(約1億円)を稼いでいた。

もう一つ、大事なことを付け加えておこう。テスラ・モデルSは2013年「カー・オブ・ザ・イヤー」を受賞していた。当たり前だが、接待や裏取引を画策して手に入れたのではなく、正真正銘、性能とデザイン性で受賞したのだ。また、タイム誌の「2012年 ベスト発明25」にも選ばれるなど、数々の賞を獲得していた。だが、思わぬところに落とし穴が待ち受けていた。今度はニューヨーク・タイムズだった。

ニューヨーク・タイムズの批判記事

2013年2月、ニューヨーク・タイムズが「テスラ社から貸し出されたモデルSを運転していたが、途中でバッテリーが切れ、レッカー車を呼ぶはめになった」という痛烈な批判記事を掲載し話題をさらった。

ニューヨーク・タイムズの記者ジョン・ブローダーの走行体験記と呼ぶべき内容で、急速充電システム「スーパーチャージャー・ステーション」ができた東海岸デラウェア州のニューアークから、約200マイル(322km)先のコネチカット州ミルフォードまでモデルSを運転し、その性能を確かめるものだ。

記者のブローダーが試乗したのは、85kWhバッテリーを搭載するモデルで、スペックでは一回のフル充電で265マイル（約426km）が走行可能で、つまり一回の充電で十分走行可能な距離だったハズだ……。しかし、記者ブローダーの体験は違っていた。

当日、車を渡された記者は、デラウェアのスーパーチャージャー・ステーションでフル充電をしてドライブを開始した。しかし、68マイル（109km）地点で、表示されていた走行可能距離が85マイル（137km）も減っていたことに気付いた。

そこでテスラ社からのガイドラインに従って、外気温は零下だったが、エアコンの空調を「低」に変更。時速制限65マイル（104km／h）のところを、54マイル（87km／h）のクルーズコントロールで走行するようにした。なお、この速度は通常走行としては遅く、レーンの一番右側の車線を走っているモデルSの真っ赤で目立つ車体は、追い越していくまわりの車の運転席から視線を集めてしまった。

ニューヨークに近づく頃、バッテリーの消耗を気にして記者はテスラ社に電話をし、アドバイスを求めた。それによると、クルーズコントロールをオフにすればいいとのことだった。だが、その後、テスラ社の重役は、そのアドバイスは間違っていると訂正。ともかく、モデルSの室内は寒く、記者の足は凍えて、指関節は白くなっていた。

マンハッタンでちょっと休憩し、運転を開始しモデルSを走らせた。グロトンという町で夕食を取り、そこで一晩宿泊。バッテリー残量をチェックすると、あと90マイル（144km）走行可能となっていた。ところが、翌朝には、25マイル（40km）の表示に変わっていた。

そして、記者が運転したモデルSはレッカー車を呼ぶという顛末《てんまつ》で終わった。運転中ずっとバッテリー表示に翻弄《ほんろう》された記者は、記事の最後に、「次に運転する人は暖かい服装が必要だ」とたっぷり皮肉を込めて結んでいた。

これが事実ならテスラ社にとっても、イーロンにとっても致命傷となる。

事実と違う！

イーロンは反撃に出た。電気自動車はガソリン車とは違う。ガソリンを一滴も使わないテスラ・モデルSは、走るコンピュータだ。走行中のデータログがすべてばっちり残っていた。走行スピードや充電状態、走行ルートなど詳細がコンピュータに記録されていた。そのデータを元に、ニューヨーク・タイムズの記者の矛盾点を、イーロンは、的確に、一つ一つ指摘していった。

記者は「モデルSのバッテリーが切れてレッカー車を呼んだ」と書いていたが、データでは「充電が切れた」というログは残っていなかった。さらに、「クルーズコントロールの設定を54マイルにした」と記事にあるが、データでは「65マイルから81マイルで走行していた」と記録が残っていた。

そもそもバッテリー充電は100%になっていなかった。ログでは、一回目の充電は90%で、二回目は72%、三回目では28%とまったく不十分だったと指摘。

イーロンたちは、具体的な走行データを公開して、バッテリーはそもそも切れていないし、100%充電もしていない。実際の走行スピードはもっと速かったし、車内温度はずっと高かった、など反証を挙げた。

そして、「何より、悪いレビューを書こうという悪意に満ちている」とニューヨーク・タイムズの記者の姿勢を厳しく批判した。さらにイーロンは、「ニューヨーク・タイムズのデタラメ記事によって1億ドルの損害を被った」と主張。記事によって、モデルSの注文キャンセルが約1千台発生し、モデルSの価格は5万ドルから9万ドルぐらいなので、ざっと1億ドルの被害を被ったと取材に答えている。しかも、テスラ社の株価も影響を受け、時価総額が5億5300万ドル減少したと金融情報サービスの「ブルームバーグ」は伝えていた。

イーロンの反論に対して大新聞ニューヨーク・タイムズは当初強気の発言をしていた。ところが、テスラ側がデータログで反証していくと世論がこれを支持し出した。結局、「記者のジョン・ブローダーの記事は正確さに欠け、適切な判断がなされなかった」という白旗コメントをニューヨーク・タイムズは掲載するしかなかった。

変化を望まない人々

イーロンは世論の重要性を誰よりも強く認識している経営者だ。もちろん、世間の注目を惹《ひ》く手法も心得ている。モデルSを初公開した時は、映画界や音楽業界から有名人を多数招待し、カクテルパーティを行った。

映画「アイアンマン」シリーズの監督ジョン・ファヴローや、映画「マトリックス」など数々のヒットを生み出した映画プロデューサーのジョエル・シルバーなど、500人もの有力人物を一堂に集めた。これだけでも、マスコミは大喜びで記事を書いてくれる。

さらに、人気ロックバンド「レッド・ホット・チリ・ペッパーズ」でボーカルのアンソニー・キーディスはロードスターの〝ホットな〟オーナーだ。そのキーディスがパーティ会場のイーロンを見付けると、「ロードスターについて一つ文句があるんだ」ときな臭い言葉をぶつけた。何を言うかまわりがハラハラしていると「文句は、(以前から持っている)ポルシェに、まったく乗らなくなったことなんだ」と彼らしい褒め言葉を投げかけて、まわりにいた連中を大いに笑わせた。これまた、記者にとっては格好の記事となったのだ。

今までにない新しい製品やサービスを世に出そうとする人は、自分の主張をあらゆるところで叫び続けないと、気まぐれで怠け者の〝世論〟は注意を傾けてくれない。だから、目立たせる工夫が必要だ。

たとえば、松下幸之助《まつしたこうのすけ》が苦心して作り上げた自信作「ナショナルランプ(角型ランプ)」を昭和2年に発売した時は、普通に考えると零細企業としては手が届かない新聞広告を使って、世間の注目を喚起した。「買って安心　使って徳用　ナショナルランプ」のコピーは画期的で、ナショナルランプは大ヒットし松下電器躍進の立役者となった。

アップル社のスティーブ・ジョブズは、革新的な新製品マッキントッシュを世の中にアピールする場として、フットボールの祭典「スーパーボウル」を選んだ。60秒のCMを約1億人の視聴者が目にし、テレビ局には問い合わせが殺到し、マッキントッシュはパソコンの歴史を作った。

イーロンは、既存の体制と戦っている。スペースX社ではロッキード社やボーイング社と、電気自動車ではGMなどビッグスリーや石油メジャーとだ。そして、ニューヨーク・タイムズやBBCの例のように間違った報道が出た時は、イーロンはすぐさま反論している。車やロケットのモノ作りとは関係ない余分な仕事かもしれないが、見て見ぬふりをしていると大変なことになると承知していた。

2011年2月、アメリカ運輸省はトヨタ車の急加速問題についての「調査結果」を発表した。前年に、日米だけでなく世界中のメディアが取り上げ、トヨタバッシングと大規模リコール問題に集団訴訟問題と大騒ぎになった、あの問題だ。アメリカ運輸省の出した結論は、「トヨタ車において電子制御装置に欠陥はなかった」というものだった。NASA（アメリカ航空宇宙局）とアメリカ高速道路交通安全局との約10カ月にわたる調査では、電子制御装置においていかなる問題も発見されず、急加速事故のほとんどが運転手の操作ミスであると結論付けた。

拍子抜けするようなアメリカ運輸省の調査結果に、「それじゃあ、あのトヨタバッシング騒動は何だったんだ」と誰もが思った。トヨタ自動車の初期対応に問題があったり、「トヨタの車には欠陥があるはずがない」といったやや頑《かたく》なな側面がトヨタ自動車側にあったにせよ、ともかく、設計技術的な問題はシロだった。BBCのロードスター批判や、ニューヨーク・タイムズのモデルSをこき下ろす記事と、似た匂《にお》いを感じてしまう。

トヨタ自動車は反論すべき時に反論をせず、アメリカ当局の出方に任せた。大企業だから耐え抜けた戦術だが、これが体力のないベンチャー企業だと、シロ判決が出る前に潰されてしまう。反論すべき時はタイムリーに反論する姿勢は非常に重要だ。

世の中にない新しい製品は、世の中にある既存のビジネスを脅かす破壊力を持っている。逆に、既存ビジネスは世間で〝常識〟を都合よく形成してしまっている。だから、新製品や新技術が登場しても、常識を尺度に「劣っている」と退け、現状のビジネスを守ろうとすることに既存企業たちは全力をつぎ込む。もちろん、それにマスコミも加担する。マスコミは既存ビジネス企業からのCM収入で成り立っているからだ。特に、社会正義を追求すべきジャーナリズム精神が欠如してしまった日本のマスコミのタチが悪いことは、原発問題で明らかだろう。

とにかく、これまでにない新しい製品が市民権を得るには、間違った報道がなされるたびに訂正を要求し、反論すべき時には反論する。そうしないと、世論は間違った情報を鵜呑《うの》みにし、時代遅れの製品やサービスの方が延命し、世界は良くならない。会社をいくつも立ち上げてきたイーロンはすべて心得ていて、巨大なゴリアテたち目がけて反論のミサイルを打ち続ける。

正念場はこれからだ

いついかなる時もイーロンの眼は未来の可能性へと向けられている。その一つが次の新型EVカーだ。テスラ社の第三弾は、4ドア四輪駆動のクロスオーバーSUV（スポーツ多目的車）でその名は「モデルX」。モノコック構造を採用して軽量化を図ったSUVで、テスラ・モデルSのシャーシー、パワートレーンを共用している。

7人乗りで3列シートを採用。特に目立つのが、いわゆる「ガルウィング」と呼ばれるカモメが羽を広げたようにドアが天井方向に大きく開く構造で、後席への乗降性を高めている。なお、テスラ社はこれを「ファルコン・ウィングドア」と呼んでいる。

バッテリータイプは60kWhと85kWhの二種類で、SUVながら走行性能は0–97km／hを4・4秒で走り抜け、これはポルシェ911の4・6秒を凌駕《りょうが》する速さである。

モデルSが後輪駆動だったのに対し、モデルXは四輪駆動で、航続距離は60kWhなら338

km、85kWhでは435kmと十分な数値を達成している。

テスラ社として初めて2モーター4WDシステムの導入だ。前輪と後輪のそれぞれ中央部にモーターを配置して駆動し、スリップを検知すると瞬時にトルクとパワーを制御する設計になっている。モデルSの部品の約6割を共有化して2014年からの生産を予定している。

モデルSをベースに開発したが、それでも開発コストは約2億5千万ドル（約250億円）はかかるとイーロンは語っていた。

そして、モデルXの次にあるのは、本当の大衆車だ。今の構想ではモデルSのスケールダウンで、2016年から2017年頃に生産を始め、価格帯は4万ドル程度を狙っている。

もっとも、かつてはここの価格を2万ドルから3万ドルと言っていたが、実際にモデルSを生産して価格達成の難しさを実感し出したのか、価格修正してきたようだ。「開発コストには10億ドル（約1千億円）はかかるだろう」とイーロンは言ったが、この時がまさに正念場になる。

それにしても、気になるのは、価格が4万ドル（約400万円）では大衆車とは言い難いことだ。4万ドルでは大量に売れることは期待できない。その現実に向き合った時、イーロンはどうするか。

いずれにしても、まずイーロンとテスラ社のなすべきことは、モデルSの販売を伸ばして年間で黒字化をまず達成する。少なくとも営業黒字にはしてほしい。さらに、モデルXを予定通り2014年に市場に送り出す。並行して、高速充電ステーション「スーパーチャージャー・ステーション」を計画通り全米に普及させることである。

シェール革命

ところで、シェールガス（岩盤層にある天然ガス）やシェールオイル（岩盤層に含まれる原油）が最近脚光を浴びてきている、いわゆるシェール革命だ。「石油は近い将来枯渇する」と言われ続けてきたが、シェール革命でガソリン相当の燃料を抽出し、従来のガソリン自動車も問題なく走らせるとなったら、どうだろう。電気自動車の出番は先に引き伸ばされてしまうのか？

オバマ大統領は就任直後にグリーンニューディール政策を打ち出した。風力や太陽光など再生可能エネルギーを倍増させ、雇用約50万人を生み出すというもので、総額7870億ドル（約78兆7千億円）と過去に例がない大規模景気策だった。しかし、中間選挙での敗北と、このシェールガス革命の出現で、グリーンニューディールの勢いが減速したと見られている。

良く言えば、オバマ大統領は情勢の変化に機敏に応じているわけだ。

ところが、2014年度の予算教書では、クリーンエネルギー関連予算を大幅増額しようと動きだした。それでも、アメリカ議会のねじれ現象から、先は見えにくくなっていることは確かだ。

たとえば、石油・ガス企業向けに約40億ドル（約4千億円）もの補助金を従来からアメリカ政府は出しているが、民主党はこの撤廃に動いていた。しかし、共和党の反対で廃案となってしまい関係者を失望させた。クリーンエネルギーを進めたい民主党と、石油にしがみついている共和党のせめぎ合いは今後も続き、その情勢次第でオバマ大統領の政策重心は揺らいでしまう。

だが、時の大統領がどうであろうと、イーロン・マスクの信念は揺らいでいないようだ。シェール革命が進んでも、地球の地下深くからシェールガスが採掘できても、化石資源を燃焼させて使う原理は変わらず、CO_2（二酸化炭素）は出続ける。採掘で使用する化学物質などの公害汚染問題もある。何より、シェールガスとて埋蔵量に限りはある。地球環境を阻害しないで持続可能なエネルギーを調達し上手に使うことが、人類が地球で暮らし続けるために必須だとイーロンは考えている。

ビジネスとは先の読み合いであり、未来予測が当たれば株価はドンと上昇する。そうなると、さらに先読み合戦が始まるが、中には先を読み過ぎて、いろんなことを言い出す気の早い連中も出てくる。

テスラ社の躍進ぶりを見ていて、その先をあれこれ論じたがるマスコミが登場するのはどうしようもない。さらに、ビッグスリーの経営幹部が、テスラ社への敵対意識を口にすることさえ起きている。

たとえば、ベンチャー企業スピリットで今のテスラ社は成功しているが、成功はいつしか慢心を生み、挙げ句にGM化してしまわないかという懸念まで浮上した。

そんな杞憂《きゆう》に対しイーロンは「我々テスラ社は、まだとっても小さな会社でしかない。巨大な自動車メーカーが、私たちを恐れる必要はない。むしろ彼らは、テスラ社をまねしようとする競合他社を恐れるべきでしょう。私たちの成功で、トヨタはBMWの動向を心配し、GMはホンダを気にかける。電気自動車の流れに乗り遅れるなという機運が出てきていますよ」とクールに受け流した。

地球を救う戦い

この本を執筆している最中に「デトロイト市が破産した」という仰天のニュースが舞い込んできた。負債総額は180億ドル（約1兆8千億円）を上回り、アメリカの地方自治体の財政破綻《はたん》としては過去最大だと伝えていた。かつて、GMやクライスラーなどビッグスリーが全盛のころ、デトロイト市は自動車産業が財政をがっぽりと潤し、全米でも間違いなく豊かな都市だった。「デトロイト」は自動車産業の代名詞でもあった。

ところが、ビッグスリーの衰退とともに地方財政は悪化し、失業者が急増した。犯罪率は増加の一方で、路上で人が銃で撃たれ、慌てて救急車を呼んでもなかなか来ないか、無視されることまで起きている。警察に電話したが到着までに1時間もかかる事態では人々は安心して住めない。デトロイトの人口はピーク時の約185万人から6割以上減ってしまい、逆に失業率は増加し、20％を超えた。

1960年代、自動車産業の成長とともにデトロイトは大きく発展し、この世の春を謳歌《おうか》した。しかし、その間に自動車産業に変わる新たな産業を生み出す努力を怠ってしまい、今や貧しい町になってしまった。デトロイトの貧困率は40％に届こうとしている。

産業構造を変革できず、じり貧になっていく。これは何もデトロイトだけの問題ではない。アメリカがそして日本もまた、同様の病巣を宿している。

たとえば、夕張メロンで有名な北海道の夕張市は２００７年に財政破綻し、財政再建団体に指定されてしまった。税収が年々落ち込む一方で高齢化は進み、深刻な財政難の行き着いた末の結果だった。

夕張はかつて炭鉱で栄えた町だ。山田洋二監督の映画「幸福の黄色いハンカチ」では、俳優・高倉健扮する島勇作がこの夕張炭鉱で働いて、物語の意味深い舞台となっていた。炭鉱景気で人が増え、インフラは拡充され、炭鉱が夕張市と夕張市民の生活を支えていた。だが、時代は石炭から石油へ代わり、次々と炭鉱が閉鎖されていった。そして、１９９０年に最後の炭鉱、三菱南大夕張炭鉱が閉山した。振り返れば、炭鉱が栄えていた時の夕張市は、他の地方自治体より恵まれた財政であったが、それに甘んじ、市も市民もポスト炭鉱の産業を興す努力をサボってしまった。いつしか、日本中の多くの自治体が同じような問題に直面している。

そして、２０１３年８月９日に東北地方を襲った猛烈な豪雨に対し、気象庁は「これまでに経験したことのないような大雨」という表現を使って注意を喚起した。これまでに経験したことのないような大雨だと言われれば、気持ちも引き締まるし、事態に備えようと覚悟する。

同じ頃、「日本の国の借金が1千兆円を超えました」とニュースで報じられた。だが、このニュースを聞いた日本人の多くは「こりゃ一大事だ。何とかしよう」とは思わなかった。「すでに増え続けてきた借金が、区切りのいい数字をたまたま超えただけだ」と捉えるだけで、茹《ゆ》でガエル状態に陥っていた。

顔を上げてまわりを見れば、「これまでに経験したことないような状態」に直面しているのは何も日本だけではない。地球そのものが救世主を必要としている。

イーロン・マスクは、化石燃料を燃やして二酸化炭素をまき散らし、地球環境を破壊している現状にストップをかけなくてはならないとの信念で、テスラ社で電気自動車を作り出し、ソーラーシティー社で太陽光発電の普及に努めている。そして、スペースX社のファルコンで人類を火星に移住させようと奮闘している。

歴史を振り返れば、数多くの偉大な事業家や発明家が世に登場してきた。なるほど、トーマス・エジソンは白熱電球を発明し発電所を作り電気の時代を到来させた。ジョン・ロックフェラーは石油の世紀を作り、自動車や化学製品でめざましい発展をもたらした。スティーブ・ジョブズはパーソナルコンピュータで普通の人々の生活をより便利なものにし、誰でもコンピュータが使える世の中を生み出した。抜きんでた独創性と行動力で成功を掴《つか》み、いずれも歴史に刻まれる素晴らしい事業家たちである。

だが、根源的に考えると彼らは「もっと便利に」という人々の欲求を満たしただけと見えなくもない。大きな地球の上の人々の社会生活の中で、ある特定の産業を興したにすぎず、すべてが地球上での生活が大前提であった。

しかし、イーロン・マスクがやっているのは、地球さえ超えた宇宙規模の壮大なスケールの事業であり未曾有のチャレンジだ。

イーロンが子供の頃よく読んだ「ロード・オブ・ザ・リング」やSF小説の主人公たちは、暗黒の脅威を振りかざす悪から世界を救うことが自分の務めだと信じ全力で戦っていた。そして今、大人になったイーロン・マスクはその役目を引き継いで、巨大な敵に挑み、人類を危機から救おうとしている。

おわりに

イーロン・マスクの戦いは、映画「アイアンマン2」の主人公トニー・スタークを超越している。

今のペースで人間が増え続け、地球温暖化が進んで自然環境が破壊されれば、人類は地球上だけには住めなくなる。だから、火星に移住する。しかし、いま火星に行けるロケットはないから、それを作るまでの時間を稼ぐため、電気自動車と太陽光発電を普及させ、二酸化炭素や排気ガスがこれ以上増えないように歯止めをする。

そこでテスラ社を作り、地味だった電気自動車をカッコよく作り上げ世間の注目を集め、全米に高速充電ステーションを設置して長距離ドライブを当たり前にする。充電ステーションの電気は、ソーラーシティー社が設置した太陽光発電パネルでセルフ供給を可能にする。

スペースX社は宇宙ロケットをコモディティ(汎用品《はんよう》)化して量産し、その上、ロケットの再利用を実現してコストを100分の1に下げ、火星に人類を送り込む。

どれもが、一つの国家でも手を焼くぐらい超ド級なスケールの事業であり、壮大過ぎて、一般人には理解しがたい。この男、世界を変える本物の救世主なのか、それとも、21世紀最

悪のほら吹きドン・キホーテか？

そんな疑問さえ湧いてくるが、答えはまだ出ていないし、神様でも予想が付かないだろう。だが、断言できることが二つある。

その一つは、イーロン・マスクの戦いは始まったばかりということだ。マラソンでたとえれば、1km も走ってはいない。長くとてつもなく苦しい道のりがこの先に待ち受けている。たとえば、スペースX社は本当に有人ロケットを飛ばせるのか、それはいつか。そして、たとえそれがうまくいっても、火星に行くにはロケット以外にも数々の難問が手ぐすね引いて待っている。

まずは、人体への宇宙放射線の影響だ。火星と地球の距離は位置によって最短でも5千600万kmで、最長なら4億kmにもなる。火星に着くまでの何カ月もの間、宇宙飛行士は宇宙放射線に曝《さら》され、肉体にどのような影響が出るかはまったくわからない。また、国際宇宙ステーションに長期滞在した宇宙飛行士が地球へ帰還した時に自分の足で立てないほど筋力の低下を被っていたことはニュースで目にしたことがあるだろう。骨密度の低下や視力の変化、さらに頭蓋《ずがい》内圧の増大という問題もある。その上、長期間狭い空間に閉じ込められることでの精神的、心理的な問題も解決しなければいけない。

では、電気自動車会社テスラ・モーターズはどうだ。高級スポーツカー・ロードスターを出し、4ドアセダンの電気自動車「モデルS」も順調だ。

しかし、モデルSを年間で3万台生産したとしても、それは、北米全体の乗用車生産数・約410万台（2012年）の0・7%にすぎない。世界シェアでみると、0・05%に満たない微々たる数字だ。自動車メーカーは数十万台レベルの量産をして初めて一人前だと言える。

太陽光発電パネルは本当に20年も使えるのか。そもそも、政府や州の補助金に頼ったクリーンエネルギー事業では先行きは不安定だ。

このように、不安要素を上げ出せばきりがない。しかし、である。イーロンの、国や政府さえ動かす破天荒な行動力を見ていると、そんな心配事に気を取られる自分が情けなくなってしまう。何より、そんなことをイーロンはすべて承知した上で挑戦している。

それでは、もう一つの断言できることとは……。それは、私たちは運が良いということだ。

歴史上、類を見ないこんなスゴイことをやろうとしている男を、私たちはリアルタイムで見られるんだ。こんなラッキーなことはない。

閉塞感《へいそく》に覆われた社会で私たちは暮らし、日常生活に追われている。会社勤めをしていれば昨日の延長線の仕事に悩み、失業していれば職探しに汲々《きゅうきゅう》とし、中高年なら介護問題が他人事でなくなり、振り返れば国の借金が1千兆円を超えたとため息をつき、下を向く。

しかし、イーロンの戦いを見ていると、こんな悩みが何だか小さく感じられてしようがない。我々は人類史上最も偉大で、歴史がガラッと変わる大変革の時に居合わせているのではないか。ただ、気付いていないだけなんだ。20年経って、この今を振り返ったら、「本物の地球革命」が起きていたとわかるかもしれない。そう考えるとワクワクしてくる。その時が来るのを心躍らせながら、イーロン・マスクの地球規模の壮大な挑戦を応援していきたい。

イーロン・マスク年表

西暦年	年齢	イーロン・マスクの出来事	トピック
1971		・南アフリカ共和国の首都プレトリアで、三人兄弟の長男として生まれる	横綱・大鵬が引退
1983	12歳	・ソフトウエア、ブラスターを作成し、500ドルで販売	田中角栄元総理に実刑判決
1988	17歳	・南アフリカの家を出てカナダに渡る	リクルート事件
1990	19歳	・カナダのクイーンズ大学に進学	東西ドイツ統一
1992	21歳	・米国ペンシルベニア大学へ入学。経営学と物理学を学ぶ	日本人初のスペースシャトル搭乗
1995	24歳	・スタンフォード大学院で応用物理学と材料工学を学ぶため入学。だが、2日で退学し、Zip2社を弟のキンバル・マスクと共同で創業	ウィンドウズ95発売
1999	28歳	・Zip2社をコンパック社に約3億7百万ドルで売却し、Xドットコム社を創業	ソニーがAIBO発売
2000	29歳	・Xドットコム社とコンフィニティ社が経営統合、ペイパル社の源流となる。 ・クイーンズ大学で知り合ったジャスティン・ウイルソンと結婚	シドニー五輪
2002	31歳	・ペイパル社をeBayに15億ドルで売却 ・宇宙ロケットベンチャー、スペースX社を設立、CEOに就任	欧州通貨統合（ユーロ）
2004	33歳	・電気自動車ベンチャーテスラ・モーターズ社に出資し、会長就任	イチローがシーズン最多安打

2006	35歳	●太陽光発電ベンチャー、ソーラーシティー社に出資し、会長就任 ●スペースX社のロケット、ファルコン1が打上げ失敗 ●スペースX社がNASAから2億8千万ドルのCOTS契約を受注成功	WBCで王ジャパン世界一
2007	36歳	●テスラ社のCEOエバーハードが退任。後継CEO探しに追われる	米サブプライム問題
		●スペースX社のファルコン1の2度目の打上げ失敗	
2008	37歳	●テスラ社が高級スポーツカー、ロードスターを発売開始 ●ファルコン1が4度目の打上げで成功。民間ロケット初の地球軌道を飛行 ●スペースX社がNASAから16億ドルのCRS契約を受注成功 ●混乱するテスラ社のCEOに就任。妻・ジャスティンと離婚	リーマン・ショック 黒人初のオバマ米大統領誕生
2010	39歳	●テスラ社が株式上場（1956年のフォード以来）。女優タルラ・ライリーと再婚（2012年離婚） ●宇宙船ドラゴンが地球を周回後、無事帰還に成功。民間初の快挙	南アフリカでサッカーW杯
2011	40歳	●スペースX社がNASAと7千5百万ドルのCCDev2の契約を受注成功	東日本大震災
2012	41歳	●宇宙船ドラゴンが国際宇宙ステーションとのドッキングに成功。民間企業初 ●スペースX社がNASAとCCiCap契約を4億4千万ドルで受注に成功	山中伸弥教授がノーベル医学生理学賞受賞
		●テスラ社がセダン、モデルSを発売。ソーラーシティー社が株式上場	
2013	42歳	●高速充電、スーパー・チャージャー・ステーションの全米展開を発表 ●時速1220kmの高速輸送計画、ハイパーループを発表	東京五輪が開催決定

- http://www.bloomberg.com/news/2013-08-08/elon-musk-s-fortune-soars-570-million-as-tesla-beats-estimates.html
- http://business.nikkeibp.co.jp/article/world/20081107/176633/?P=1
- http://pc.nikkeibp.co.jp/article/column/20081023/1009057/
- http://www.bloomberg.com/apps/news?pid=newsarchive&sid=a1F6C1RdOomM
- http://bits.blogs.nytimes.com/2008/10/15/tesla-motors-zaps-another-ceo-and-lays-off-staff/
- http://green.autoblog.com/2007/11/28/breaking-tesla-names-zeev-drori-as-new-permanent-ceo/
- http://www.autocar.jp/motorshow/2013/01/15/23033/
- http://ev.carmag.co.jp/report/2011/02/25.php
- http://response.jp/article/2010/05/21/140707.html
- http://www.businessnewsline.com/biztech/201307220907480000.html
- http://business.nikkeibp.co.jp/article/world/20120705/234160/
- http://monoist.atmarkit.co.jp/mn/articles/1306/21/news017.html
- http://monoist.atmarkit.co.jp/mn/articles/1306/19/news106.html
- http://monoist.atmarkit.co.jp/mn/articles/1306/12/news058.html
- http://monoist.atmarkit.co.jp/mn/articles/1208/31/news021.html
- http://monoist.atmarkit.co.jp/mn/articles/1208/10/news047.html
- http://car.watch.impress.co.jp/docs/news/impression/20130712_606968.html
- http://jp.autoblog.com/2012/11/10/2012-tesla-model-s-first-drive-review-video/
- http://monoist.atmarkit.co.jp/mn/articles/1201/24/news015.html
- http://car.watch.impress.co.jp/docs/news/impression/20110520_442280.html
- http://www.webcg.net/articles/-/5301
- http://response.jp/article/2012/02/19/170196.html
- http://www.streetfire.net/video/top-gear-reviews-tesla-roadster_206233.htm
- http://money.cnn.com/2013/05/13/autos/tesla-sales-bmw-mercedes-audi/
- http://www.yomiuri.co.jp/job/entrepreneurship/watanabe/20130227-OYT8T00384.htm
- http://www.theregister.co.uk/2013/02/25/musk_says_nyt_cost_tesla_millions/
- http://www.nytimes.com/2013/02/10/automobiles/stalled-on-the-ev-highway.html?_r=0
- http://panasonic.co.jp/
- 「電気自動車工学」　船渡寛人他／森北出版
- ジェトロセンサー　2008年11月号　日本貿易振興機構
- http://diamond.jp/articles/-/9853
- http://diamond.jp/articles/-/8232
- http://gendai.ismedia.jp/articles/-/786
- response.jp/article/2010/05/23/140753.html
- http://www.sony.co.jp
- http://www.nissan.co.jp/
- http://www.mitsubishi-motors.co.jp/
- http://toyokeizai.net/articles/-/14387
- www.toyota.co.jp
- http://jp.wsj.com/article/SB10001424127887323451804578639080584294960.html
- http://auto-affairs.com/?p=2904
- http://www.jama.or.jp/lib/jamagazine/201108/07.html

•http://www.nasa.gov/
•http://www.cnn.co.jp/fringe/35034511.html
•http://www.afpbb.com/article/environment-science-it/science-technology/2942467/10700349
•http://www.cnn.co.jp/fringe/35031204.html
•http://www.cnn.co.jp/fringe/35028596.html
•http://www.orbital.com/
•http://www.virgin.com/
•http://www.blueorigin.com/
•http://www.mext.go.jp/a_menu/kaihatu/space/kaihatsushi/detail/1299812.htm
•http://www.rocketplanekistler.com/
•http://www.airlockalpha.com/node/9488/white-house-death-star-wont-solve-fiscal-problems.htm
•http://www.jaxa.jp/
•http://www8.cao.go.jp/space/comittee/yusou-dai2/gijisidai.html
•日経サイエンス　2012年10月号
•日経サイエンス　2011年4月号
•http://www.scientificamerican.com/article.cfm?id=jump-starting-the-orbital-economy
•http://www.juse.or.jp/download/software/sqip2011/tokubetsu.pdf
•http://h2a.mhi.co.jp/technology/monodzukuri/tank/index.html
•http://www.rocket.jaxa.jp/
•http://www.iadf.or.jp/8361/LIBRARY/MEDIA/H22_dokojyoho/22-7.pdf
•http://spaceinfo.jaxa.jp/ja/contents_launch_vehicles.html
•「ロケット工学基礎講義」 富田信之他／コロナ社
•http://www.oninnovation.com/
•http://www.nasa.gov/
•「ロケットの科学」谷合　稔/ソフトバンク・クリエイティブ
•http://www.mhi.co.jp/technology/review/pdf/425/425234.pdf
•http://www.aist.go.jp/
•http://japan.teslamotors.com/
•http://www.telsamotors.com/
•「晴れた日にはGMが見える」 J.パトリック・ライト／新潮文庫
•http://www.forbes.com/2010/08/19/tesla-bmw-tzero-technology-tom-gage.html
•http://business.nikkeibp.co.jp/article/world/20070817/132303/?rt=nocnt
•http://www.ft.com/intl/cms/s/0/e117987e-74eb-11de-9ed5-00144feabdc0.html#axzz2iDbjOnjq
•http://www.wired.com/autopia/2009/06/tesla-founder/
•http://jp.wsj.com/article/SB10001424127887324474704578500073389044876.html
•http://online.wsj.com/news/articles/SB10001424127887324659404578499531117533940?KEYWORDS=cars
•http://jp.autoblog.com/2013/06/13/toyota-rav4-ev-test-drive-translogic-119/
•http://monoist.atmarkit.co.jp/mn/articles/1209/19/news021.html
•http://washpost.bloomberg.com/Story?docId=1376-MQT8NL0YHQ0X01-1URFK64H430MPCJG6MV2HDFGEA
•http://jp.wsj.com/article/SB10001424127887323338404578653171286712586.html#articleTabs%3Denglisharticle

参考資料

- The New York Times 2009年8月24日
- http://news.investors.com/management-leaders-in-success/082112-622935-elon-musk-launched-spacex-tesla.htm?p=3
- http://www.marieclaire.com/sex-love/relationship-issues/millionaire-starter-wife
- http://www.npr.org/templates/story/story.php?storyId=12484430
- http://articles.latimes.com/2012/may/23/business/la-fi-mo-elon-musk-tony-stark-20120523
- http://www.wired.com/wiredscience/2012/10/ff-elon-musk-qa/
- 「国家はなぜ衰退するのか」ダロン・アセモグル他／早川書房
- http://www.esquire.com/features/americans-2012/elon-musk-interview-1212
- http://allthingsd.com/20130530/tesla-ceo-and-spacex-founder-elon-musk-the-full-d11-interview-video/
- http://www.ted.com/talks/elon_musk_the_mind_behind_tesla_spacex_solarcity.html　3)
- http://sorae.jp/
- 日経サイエンス　2011年4月号
- 週刊東洋経済　2013年1月12日号
- http://toyokeizai.net/articles/-/11865
- http://goethe.nikkei.co.jp/human/110224/　web GOETHE
- 日経ビジネス　2010年12月6日号　EV、ロケットで世界を変える
- Scientific American Dec. 2010「jump-starting the orbital economy」David H. Freedman
- http://www.iadf.or.jp/8361/LIBRARY/MEDIA/H22_dokojyoho/22-7.pdf
- http://www.airspacemag.com/space-exploration/Visionary-Launchers-Employees.html
- http://www.usatoday.com/story/money/business/2013/04/17/elon-musk-tesla-spacex-icon/2076641/
- http://selenianboondocks.com/wp-content/uploads/2008/11/s12-11.pdf
- http://articles.latimes.com/2013/jun/07/business/la-fi-himi-spacex-20130609
- http://www.parabolicarc.com/2011/05/31/nasa-analysis-falcon-9-cheaper-traditional-approach/
- http://www.spaceref.com/news/viewpr.html?pid=33457
- http://www.imart.co.jp/space-roket-news.html
- http://www8.cao.go.jp/space/
- http://www.nss.org/articles/falconheavy.html
- http://www.spacex.com
- http://www.space.com/21386-spacex-reusable-rockets-cost.html
- http://www.nasa.gov/offices/c3po/home/spacexfeature.html
- http://www.nasaspaceflight.com/2012/05/spacex-falcon-9-send-dragon-to-iss/
- http://www.extremetech.com/extreme/137492-spacex-launches-iss-resupply-spacecraft-despite-mid-launch-engine-explosion
- http://www.geekosystem.com/spacex-secret-payload/
- http://www.boeing.com/boeing/
- http://www.lockheedmartin.com/
- http://www.ulalaunch.com/site/default.shtml

竹内一正
Takeuchi Kazumasa

1957年岡山県生まれ。徳島大学工学部大学院修了、米国ノースウェスタン大学客員研究員。松下電器産業（現パナソニック）にエンジニアとして入社。PC用磁気記録メディアの新製品開発、海外ビジネスに従事。その後、アップルコンピュータ社にてマーケティングに携わる。日本ゲートウェイ（株）を経てメディアリング（株）の代表取締役などを歴任。シリコンバレーのハイテク動静に精通。現在、ビジネスコンサルタント事務所「オフィス・ケイ」代表。著書に『スティーブ・ジョブズ　神の交渉力』（経済界）『心に火をつける　名経営者の言葉』（PIIP研究所）などがある。

未来を変える天才経営者
イーロン・マスクの野望

2013年12月30日　第1刷発行

著者　竹内一正

発行者　市川裕一

発行所　朝日新聞出版
〒104-8011　東京都中央区築地5-3-2
電話　03-5541-8814（編集）
03-5540-7793（販売）

印刷所　大日本印刷株式会社

Published in Japan by Asahi Shimbun Publications Inc.
ISBN 978-4-02-331254-8

定価はカバーに表示してあります。

落丁・乱丁の場合は弊社業務部（電話 03-5540-7800）へご連絡ください。
送料弊社負担にてお取り替えいたします。